www.tredition.de

AF185198

Meike Dahlström

„Am schönsten wäre es halt, wenn wir miteinander plaudern könnten ..."

Briefe einer Kärntner Ordensschwester aus England

www.tredition.de

Verlag und Druck: tredition GmbH, Halenreie 40-44, 22359 Hamburg

ISBN
Paperback: 978-3-7482-7631-9
e-Book: 978-3-7482-7633-3

Für meine Mama,

Mariannes Großnichte

„Ein Mensch mit gütigem, hoffendem Herzen fliegt, läuft und freut sich; er ist frei. Weil er geben kann, empfängt er; weil er hofft, liebt er."

(Franz von Assisi, 1182-1226)

„Am schönsten wäre es halt, wenn wir miteinander plaudern könnten, aber ich glaube, das wird wohl erst im Himmel droben sein."

(Sr. Cuthberta, 1884-1946)

Inhaltsverzeichnis

Vorwort

Was ist Sinn und Zweck dieses Buches? Wer ist die im Titel erwähnte Ordensschwester? Was ist das Besondere an ihr? Eines sei vorangestellt: Hier geht es weder um die Biografie einer großen Persönlichkeit noch um die Briefe einer politisch oder kirchlich-religiös maßgeblichen Person. Ich habe die Gelegenheit ergriffen, über eine beeindruckende Österreicherin und Kärntnerin zu schreiben, auch wenn sie den Großteil ihres Lebens in England verbrachte. Dennoch steht hier eine „einfache Frau" im Mittelpunkt: meine Urgroßtante Marianne, spätere Ordensschwester Cuthberta (1884-1946). Dieses Buch dient der Herausgabe ihres Nachlasses; dabei handelt es sich vor allem um Briefe an ihre Familie in Kärnten. Bereits als junge Frau entschließt sie sich dazu, ihre Heimat zu verlassen, um in die Schweizer Kongregation der Schwestern vom Heiligen Kreuz einzutreten – besser bekannt unter dem Namen „Menzinger Schwestern". Nach ihrem Noviziat und einem Jahr Mitarbeit in einem Waisenhaus in Sarnen im Kanton Oberwalden lässt sie auch die Schweiz endgültig hinter sich, um am Aufbau der neuen Ordensprovinz in Südengland mitzuwirken.

Der Großteil meiner Nachforschungen zu ihrer Person beruht auf einer Kiste voll Erinnerungen. Ein Schatz an Briefen, Fotografien, Broschüren, Zeitungsausschnitten, getrockneten Edelweiß, Gebeten und Heiligenbildchen. Ein Erbe, gesammelt von meiner Urgroßmutter und weitergegeben an Großmutter und Mutter. Was damit anfangen? Fast vier Jahre ist es her, seit ich im April 2016 mit den ersten Recherchen begonnen habe. Beim Lesen und Nachforschen nimmt das Bild einer Frau, einer Persönlichkeit, Formen an. Einfach und dennoch willensstark ist sie, selbstbestimmt. Eine alte Schwarz-Weiß-Fotografie aus dem Jahr 1907 zeigt sie als 22-jährige junge Frau, die mit einem verhaltenen Lächeln selbstbewusst in die Zukunft blickt und sich ihrer Lebenswahl gewiss zu sein scheint: Stolz erhobenen Hauptes lässt sie Heimat und Familie hinter sich, um in der Schweiz ihrer Berufung nachzugehen. Flüchtig sind ihre Spuren, oft nur schemenhaft, da viele Briefe und Dokumente aus ihrem Nachlass auf immer verloren sind. Nicht auf alle Fragen gibt es eine Antwort; oft gibt es statt dem erhofften Hinweis nur vage Vermutungen und Annahmen. Das Zusammensetzen fragmentarischer Aussagen und die Spurensuche in der Vergangenheit kommt einer Detektivarbeit gleich. Desto größer ist die Freude, wenn Zusammenhänge erkennbar werden und sich Vermutungen bestätigen. Im Laufe der Zeit lässt sich Stück für Stück eine Persönlichkeit ins Leben rufen und es entsteht das Bild einer ungewöhnlichen und mutigen Frau, die mehr als einmal unter Beweis stellt, dass sie als Ordensschwester das Sinnbild der modernen Frau widerspiegelt – sie ist eigenständig, unabhängig, weder Mann und Familie unterstellt noch durch häusliche Pflichten gebunden. Ihre tägliche Arbeit als Ordensschwester, Köchin und Lehrerin ist mehr als „nur" eine Arbeit, es ist ein Beruf und eine Berufung aus eigenem Willen und Antrieb.

Besuche bei den so überaus liebenswürdigen, interessierten und hilfsbereiten Menzinger Schwestern in der Schweiz und in England helfen, die Briefe lebendig werden zu lassen; dank eigener Recherche fördern sie weitere Unterlagen zutage und tragen damit dazu bei, das Bild meiner Urgroßtante zu vervollständigen. Beeindruckend und emotional ist es, die Orte, an denen Marianne gelebt hat, mit eigenen Augen zu sehen. In England ergibt sich die Gelegenheit, mit zwei Schwestern zu plaudern, die Marianne selbst noch gekannt haben: Vor allem Mariannes positive Ausstrahlung, ihre innere Zufriedenheit und Ruhe und nicht zuletzt ihre überaus leckeren Torten sind den lieben Schwestern in Erinnerung geblieben. Ich bin gerührt: Marianne starb bereits im Jahr 1946, vor 72 Jahren, und dennoch ist es mir als Urahnin vergönnt, im Jahr 2018 mit Zeitgenossen über sie zu sprechen. Zuletzt stehe ich weinend vor ihrem Grab in Chalfont St. Peter – ich bin die erste in meiner Familie, die ihre Ruhestätte besucht.

In diesem Buch möchte ich den Lebensweg einer Frau aufzeigen, die trotz aller Umstände und ihrer Zeit weit voraus eigene

Entscheidungen trifft, ihr Leben lang unabhängig bleibt und sich als zukunftsweisende Frau beweist – trotz oder gerade wegen ihrer Zugehörigkeit zu einem Orden. Ihre fromme Religiosität ist ihr beständiger Begleiter, ein Helfer und Tröster. Diesem Glauben ordnet sie sich unter; nicht aber dem gängigen Frauenbild ihrer Zeit. Die Modernität und Selbstbestimmtheit ihres Handelns ist auffallend und kann auch heute noch aufzeigen, dass jede Frau, ob jung, alt, mit und ohne Bildungshintergrund, ihren Weg finden und gehen kann – ungeachtet der Herkunft und vermeintlicher Einschränkungen. Doch wie schafft sie es, sich ihr Leben lang einer Glaubensgemeinschaft unterzuordnen und dennoch frei und selbstbewusst eigene Entscheidungen zu treffen und darüber hinaus ihren Glauben täglich unter Beweis zu stellen?

Diese Fragen stelle ich an meine Urgroßtante – in der Hoffnung, Antworten und Aufschlüsse in Form ihrer Briefe und Gedanken zu erhalten. Dabei geht es nicht um ein historisches Gesamtbild, sondern um einen persönlichen Einblick in das einfache Leben einer Ordensschwester zu geben. Dazu gehören Sorgen, Mühen und Nöte genauso wie Freuden und die sich wie ein roter Faden durch alle Briefe ziehende ungebrochene Glaubensstärke und Willenskraft. Das Zitat aus einem der Briefe an ihre Schwester „Am schönsten wäre es halt, wenn wir miteinander plaudern könnten, aber ich glaube, das wird wohl erst im Himmel droben sein" gibt auf einfache und berührende Art ihren unverbrüchlichen Glauben wider – der Glaube daran, dass Gott es nur gut mit den Menschen meint und sie trotz aller Mühen und Entbehrungen auf ein Wiedersehen mit ihren Liebsten hoffen darf – auch wenn dies erst nach dem Tod geschehen mag.

1 Historische Einordnung

2 Ein Leben

Marianne wird in eine Zeit des Umbruchs hineingeboren. Noch existiert das österreichisch-ungarische Kaiserreich und damit das Herzogtum Kärnten als eines seiner fünfzehn Kronländer.[1] „Ganz hübsch"[2] muss es gewesen sein, das österreichische Leben im ausgehenden 19. Jahrhundert unter Kaiser Franz Joseph I., so der Historiker Golo Mann: „steigende Wohlhabenheit, politische Freiheit, Rechtssicherheit; eine tüchtige, wenn auch etwas umständliche Verwaltung; eine reife, noch immer schöpferische Kultur."[3] Die österreichische Wirtschaft und Kultur erleben eine Blütezeit sondergleichen und erreichen ihren Höhepunkt mit der Wiener Moderne, einer einmaligen geistigen und künstlerischen Schaffensperiode. Wien wird zum Zentrum einer einzigartigen künstle-

---

[1] Als Kronländer gelten nach Umwandlung des Kaisertums Österreich in die Doppelmonarchie Österreich-Ungarn im Jahr 1867 die Länder der westlichen Reichshälfte. Die weiteren Kronländer sind: Königreich Böhmen, Herzogtum Bukowina, Herzogtum Krain, Königreich Dalmatien, Königreich Galizien und Lodomerien, Gefürstete Grafschaft Görz und Gradisca, Markgrafschaft Istrien und Reichsunmittelbare Stadt Triest, Erzherzogtum Österreich unter der Enns, Markgrafschaft Mähren, Herzogtum Salzburg, Herzogtum Ober- und Niederschlesien, Herzogtum Steiermark, Gefürstete Grafschaft Tirol, Erzherzogtum Österreich ob der Enns sowie das Land Vorarlberg.
[2] Golo Mann: Deutsche Geschichte des 19. und 20. Jahrhunderts, Frankfurt/M. 1958, S. 555.
[3] Ebd.

rischen und intellektuellen Blütezeit: der „Wiener Moderne". Expressionistische Maler wie Egon Schiele, Oskar Kokoschka oder Gustav Klimt, aber auch die Schriftsteller Arthur Schnitzler und Karl Kraus entwickeln im Spannungsfeld des untergehenden Habsburgerreiches bislang ungekannte Ausdrucksmöglichkeiten. Nicht zuletzt beschreitet der Wiener Neurologe Sigmund Freud mit der Entwicklung seiner Psycholanalyse[4] und seinem Hauptwerk über die Traumdeutung völlig neues Terrain.

Mariannes Geburtstag ist der 23. November 1884. Von ihrer Familie wird das kleine Mädchen „Marianne" oder liebevoll „Mariandl" gerufen. Ihr Geburtsort ist Paternion in Kärnten. Laut einem Pass von 1928 hat sie graue Augen, braune Haare und ein rundes Gesicht. Ihre Schwester Rosalia ist knapp dreieinhalb Jahre jünger, sie wird am 5. April 1888 geboren. In einem handgeschriebenen Lebenslauf erwähnt sie außerdem einen älteren Bruder, der aller Wahrscheinlichkeit nach früh gestorben ist, da er später nie wieder genannt wird und auch in der Familie nicht bekannt ist.

Am 24. April 1890 stirbt die Mutter der beiden kleinen Mädchen, Anna. Sie ist die Tochter eines Gastwirts aus Ferndorf nahe des Millstätter Sees und gerade einmal 29 Jahre alt. Über ihren Tod ist nicht viel bekannt, außer, dass die junge Frau schwermütig, vielleicht sogar depressiv gewesen ist. Die Frau sei „seelisch

---

[4] Sigmund Freud: Die Traumdeutung, Frankfurt am Main 1991.

zugrunde gegangen", so die verschwommene Überlieferung; sie habe an einer „Nervenkrankheit" gelitten. Eine Fotografie aus dem Jahr 1888 zeigt eine ernste und schöne junge Frau; die kleine Rosalia strampelt auf ihrem Schoß. Über einen Freitod wird nicht gesprochen, es bleiben die Spekulationen, wie sich auch in einem ihrer Briefe noch zeigen wird. Auch vom Vater, einem Kaufmann, weiß man nicht viel; er gibt nach dem Tod der Ehefrau die beiden kleinen Töchter an seine Schwägerinnen ab und tritt fortan nicht mehr in Erscheinung. Zur Zeit der Geburt Mariannes hält er sich in Hohenthurm[5] im südlichen Kärnten auf; vermutlich aus beruflichen Gründen. Nach dem Tod der Mutter wird Marianne von ihrer Tante aufgenommen, die selbst verwitwet und kinderlos ist.

Nur ein Jahr später, 1889, zeigt sich der schwache Grund, auf dem das altertümliche und marodem Kaiserreich steht: Kronprinz Rudolf[6,] der einzige Sohn von Kaiser Franz Joseph I. und Kaiserin Elisabeth, erschießt im Jagdschloss Mayerling bei Wien seine Geliebte Mary Vetsera und danach sich selbst. Die Umstände des doppelten Suizids sind bis heute nicht aufgeklärt. Kaiser und Monarchie erleben eine erste Sinnkrise. Kronprinz Rudolf hinterlässt eine kleine Tochter, Elisabeth Marie, die gerade ein Jahr älter als

---

[5] Der Stempel auf der Heimaturkunde besagt „Hohenthurm", gemeint ist die Gemeinde Hohenthurn an der Grenze zu Italien und Slowenien.
[6] Zu Leben und Sterben von Kronprinz Rudolf empfiehlt sich die Biografie von Brigitte Hamann: Kronprinz Rudolf. Ein Leben, aktual. Neuaufl., München 2006.

Marianne ist und später aufgrund ihrer sozialdemokratischen Überzeugungen auch "Rote Erzherzogin" genannt wird.

Wie sich Marianne nach dem Tod der Mutter bei ihrer Tante eingelebt hat, ist nicht bekannt. Traumatisch ist der Verlust eines Elternteils in diesem Alter allemal; die kleine Marianne ist gerade einmal fünf Jahre alt und muss sich neben dem herzzerreißenden Verlust der Mutter an eine neue Umgebung und einen neuen Vormund gewöhnen. In einem Brief aus dem Jahr 1939 wird deutlich, wie sehr die Mädchen gelitten haben; selbst als 54-Jährige merkt man ihr den ungebrochen großen Schmerz an: „Morgen ist unserer Mutter Sterbetag, Gott gib Ihr die ewige Ruhe. Sie hat nicht viel versäumt, nur wir haben viel durch ihr frühes Sterben verloren."[7] In ihrem Nachlass findet sich außerdem eine Handschrift des anrührenden Gedichtes „Wenn Du noch eine Mutter hast" von Friedrich Wilhelm Kaulisch (1827-1881).[8]

Im Herbst 1891 wird Marianne eingeschult. Dabei hat sie Glück: Sie kommt in den Genuss einer achtjährigen Schulbildung. Zwanzig Jahre zuvor galten noch andere Regeln. Erst das „Reichsvolksschulgesetz" von 1869 legt Richtlinien der Schulpolitik in Österreich fest, die teilweise noch heute gültig sind. Die wichtigsten Reformen sind konsequente Trennung von Kirche und Staat sowie

---

[7] Achter Brief (1939).
[8] Siehe Kapitel 4.2 „Statt eines Nachworts".

die Ausdehnung der Schulpflicht von sechs auf acht Jahre. Allerdings werden die Forderungen des Neuhumanismus[9] nur für das höhere Schulwesen berücksichtigt; die Mehrheit der Bevölkerung, deren Schulbildung sich auf den Besuch der Volksschule beschränkt, ist davon ausgenommen: Einer umfassenden Bildung im humanistischen Sinn wird keine größere Bedeutung zugeschrieben. Stattdessen zählen Handarbeiten und Haushaltskunde zu den Pflichtfächern für Mädchen.

Am 12. April 1896, dem „Weißen Sonntag"[10], empfängt Marianne die erste heilige Kommunion. Im Jahr darauf stirbt ihre Tante. Erneut muss sie in frühen Jahren den Tod einer Bezugsperson verwinden. Es mutet etwas seltsam an, dass sie nicht spätestens jetzt von einer weiteren Tante und deren Mann, die sich seit dem Tod der Mutter auch um Rosalia kümmern, aufgenommen wird. Die beiden Mädchen müssen ihre Kindheit getrennt voneinander verbringen; dennoch haben die trostlosen Umstände ihre enge Verbundenheit nur gestärkt. Marianne scheint der erneute Umzug sehr gut zu tun, sie lebt für ein Jahr als Internatsschülerin bei den Ursulinen[11] in Klagenfurt, deren Hauptaugen-

---

[9] Mitte des 18. Jahrhunderts auftretende pädagogisch-philosophische Entwicklung, die sich auf die Werte der antiken Kultur zurückbesinnt.
[10] Der erste Sonntag nach Ostern.
[11] Die Gesellschaft der heiligen Ursula, kurz Ursulinen, wurde 1535 von Angela Merici in Brescia (Italien) gegründet und ist vor allem im Bereich der Mädchenerziehung tätig.

merk auf der Bildung von Mädchen liegt. Mariannes erster Kontakt zu einem Orden wird bestimmend für ihren weiteren Lebensweg, denn mit Sicherheit hat sie der Aufenthalt so beeindruckt, dass er später zum richtungweisenden Element wird.

Am 10. September 1898 wird Kaiserin Elisabeth in Genf von dem italienischen Anarchisten Luigi Lucheni erstochen. Zur gleichen Zeit beginnt für Marianne das letzte Volksschuljahr in Klagenfurt; mit dem Abschluss können die jungen Schulabgänger ins Berufsleben eintreten. Um 1900 üben bereits 43,2 %[12] der österreichischen Frauen einen Beruf aus; der Großteil davon arbeitet auf Bauernhöfen; in den industrialisierten Gebieten um Wien überwiegen die Fabrikarbeiterinnen. Diese Zahlen müssen allerdings mit Vorsicht betrachtet werden: Den wenigsten Frauen wird eine Berufsausbildung zuteil; die meisten arbeiten als ungelernte Hilfskräfte oder in Berufen, die als Vorbereitung auf das Eheleben gelten: Haushälterin, Kindermädchen, Gesellschafterin. Schließlich ist es nach wie vor Pflicht der Frau, sich dem Ehemann unterzuordnen und zuhause das Familienleben zu organisieren.

Marianne kehrt mit dem erreichten Volksschulabschluss im Alter von 14 Jahren nach Paternion zurück, wo sie endlich wieder mit ihrer Schwester zusammenleben darf. Die Tante der beiden

---

[12] Marion Wisinger: Land der Töchter. 150 Jahre Frauenleben in Österreich, Wien 1992, S. 77.

Mädchen und deren Ehemann betreiben eine eigene Gerberei sowie einen kleinen Hof, die Einkünfte können als gesichert gelten. Dennoch ist den beiden Schwestern keine glückliche Zeit vergönnt. Marianne ist zwar noch minderjährig, gilt aber mit 14 Jahren als vollwertige Arbeitskraft und wird von ihrem „Vormund", wie sie den Onkel in einem Lebenslauf bezeichnet, entsprechend eingesetzt. Die Tante zeigt keine Liebe für die beiden Mädchen; mündlichen Überlieferungen innerhalb der Familie zufolge ist sie das Urbild der bösen Stiefmutter. Von Rosalias Töchtern weiß man, dass auch sie noch unter der Strenge der Frau gelitten haben: Es gibt Schläge mit dem Rohrstock, wenn die Mädchen nicht pünktlich von der Schule nach Hause kommen. Die Stiefmutter wird zur Überfigur, deren Entscheidungen fraglos hingenommen werden. Das Verhältnis zu den Ersatzeltern ist distanziert. Halt bietet Cousin Rudolf, genannt Pepi, der zum Bruder und Vertrauten wird. Er übernimmt später die Gerberei und das Lohwerk und nimmt, selbst unverheiratet und kinderlos, die Rolle eines Ersatzvaters für die beiden Töchter Rosalias ein.

Erst als ihr Vater stirbt, darf Marianne das Haus ihres Onkels verlassen und eigene Wege gehen. Vielleicht macht ein kleines Erbe diese ersten selbstbestimmten Schritte möglich. Sie kehrt nach Klagenfurt zurück, wo sie sich einen Herzenswunsch erfüllt: Sie lernt in einer Haushaltungsschule das Kochen; eine Passion, die sie als Ordensschwester weiterverfolgt und später sogar selbst unterrichtet. Aufgabe der Haushaltungsschulen ist es, junge Mädchen auf die Aufgaben im landwirtschaftlichen Umfeld vorzubereiten. Seit den 1870er Jahren haben Frauenvereine verschiedene dieser Schulen eingerichtet, die vor allem im Winter, wenn es in der Landwirtschaft wenig zu tun gibt, ihren Schülerinnen Inhalte zur Hauswirtschaft vermitteln. Auch die Mutter von Marianne und Rosalia hat als junge Frau einen solchen Lehrgang absolviert. Spuren davon befinden sich noch im Familienbesitz: kunstvoll bestickte Stoffservietten aus Leinen mit Monogramm, alle davon säuberlich durchnummeriert mit rotem Garn. Der Besuch einer Haushaltungsschule gilt für Mädchen der Mittelschicht als nahezu verbindlich, geht es doch in erster Linie darum, gute Ehefrauen und Mütter auszubilden. Marianne dagegen besucht die Schule aus freien Stücken; ihr Antrieb ist es nicht, einen Ehemann zu finden und eine Familie zu gründen. Auch nach erfolgreichem Abschluss ihrer Lehrzeit als Köchin – diese Berufsbezeichnung wird später in ihrem Heimatschein genannt – bleibt sie selbstbestimmt und geht mit einer Familie nach Wien, für die sie vermutlich als Hausmädchen arbeitet. Im Jahr darauf wird sie von der Wiener Familie dazu eingeladen, die Ferien gemeinsam in Zell am See (Salzburg) zu verbringen. Dort erwartet sie eine weitere Prüfung: Marianne erkrankt an Typhus; eine hochansteckende Krankheit, die durch Schmierinfektion übertragen wird, meist in Form von verunreinigtem Wasser oder Mahlzeiten. Die Krankheit ist vor allem durch hohes Fieber und Sinnesstörungen gekennzeichnet und führt Anfang des 20. Jahrhunderts noch häufig zum Tod, da wirkungsvolle Medikamente fehlen. Zudem sind unsaubere Zustände, hervorgerufen von steigenden Bevölkerungszahlen und mangelhafter Kanalisation ein Hauptauslöser der Krankheit. Heute ist Typhus noch in Entwicklungsländern verbreitet; aufgrund der wirksamen Behandlung mit Antibiotika und hygienischer Lebensbedingungen ist die Krankheit hierzulande fast verschwunden.

Nach ihrer Genesung kehrt Marianne nicht nach Wien zurück; sie nimmt eine neue Stellung in Innsbruck (Tirol) an. Am 2. Februar 1906, Marianne ist jetzt 21 Jahre alt, ändert sich ihr Leben endgültig und unwiderruflich: Sie tritt dem Provinzhaus der Schwestern vom Heiligen Kreuz in Altötting (Oberbayern) als Kandidatin bei. Während einer Kandidatur nehmen junge Frauen unverbindlich am Ordensleben teil: zwar noch in der zivilen Kleidung, dafür aber mit demselben Tagesablauf wie die Schwestern. Ihr Arbeitseinsatz hängt von Vorbildung sowie eigenen Interessen ab; grundsätzlich muss die Kandidatin aber willens sein, Arbeiten jeder Art auszuführen. Nach sechs Monaten wird die Kandidatin zur Postulantin ernannt, was bedeutet, dass sie nun tiefer am Ordensleben teilnimmt und nach und nach in das Leben einer Ordensschwester eingeführt wird. Nach einem halben Jahr als Postulantin kann das Noviziat beginnen.

Noch während ihrer Kandidatur reist Marianne zum ersten Mal nach Wimbledon; hier haben die Schwestern vom Heiligen

Kreuz im Jahr 1902 in der Pelham Road ihre erste englische Niederlassung gegründet. Die Vorteile dieser Gründung liegen für die Schwestern auf der Hand: Missionskandidatinnen für Südafrika können vor der Ausreise gemeinsam im eigenen Konvent wohnen und sich auf die Missionsarbeit vorbereiten. Daneben lernt sich eine Fremdsprache vor Ort immer besser; ein Vorteil, den die Schwestern zweifelsohne für ihr Englischstudium genutzt haben. Im Laufe der folgenden drei Jahre kommen eine Klosterschule für externe Schülerinnen sowie ein Internat für Schweizerinnen hinzu; ein Zuwachs, dem mit dem Kauf zweier Häuser in der Southey Road Rechnung getragen wird. Der Posten in Wimbledon besteht insgesamt fast vierzig Jahre lang und wird erst 1940 aufgehoben.

In der österreichischen Hälfte des Vielvölkerstaates finden am 14. Mai 1907 zum ersten Mal Reichsratswahlen[13] nach dem allgemeinen, gleichen, geheimen und direkten Männerwahlrecht statt. Wahlberechtigt sind alle Männer ab 24 Jahren – Frauen haben kein Stimmrecht. Im Juli 1907 kehrt Marianne nach anderthalb Jahren Aufenthalt aus England zurück und verabschiedet sich endgültig von ihrer Heimat, um der Kongregation der Schwestern vom Heiligen Kreuz in der Schweiz als Novizin beizutreten.

---

[13] Das Parlament Österreich-Ungarns.

Was treibt Marianne an? Warum wählt sie das strenge und darüber hinaus ärmliche Leben in einem Orden? Das Jahr als Internatsschülerin bei den Ursulinerinnen muss sie sehr beeindruckt
haben; vermutlich hat sie dort zum ersten Mal nach dem Tod der
Mutter wieder familiäre Wärme und Zuwendung erhalten. Wahrscheinlich hat sie auch bereits eine Art der Zugehörigkeit empfun-
den und sich mit den Ursulinerinnen und ihrer Aufgabe der Mädchenbildung verbunden gefühlt. Doch die Schwestern vom Heiligen Kreuz sind arm, die Arbeit ist beschwerlich und für uns selbst-
verständliche Dinge wie „Freizeit", „Muße" oder ganz einfach
„Nichtstun" nicht vorgesehen. Was veranlasst eine intelligente
und hübsche junge Frau dazu, in die Fremde zu gehen und ihr Leben dieser noch relativ jungen und damit auch unbekannten Gemeinschaft zu widmen? Thomas Binotto stellt in seiner Biografie
über Bernarda Heimgartner „Mutter Bernarda" (1822-1863), Mitbegründerin und erste Oberin der Schwestern vom Heiligen Kreuz
die Frage, was junge Frauen wohl dazu bewogen haben mag, in
den neugegründeten Orden einzutreten.[14] Er vertritt die Ansicht,
dass nicht nur religiöse Gründe diese Wahl beeinflusst haben mögen, sondern auch der Wunsch, den Lehrberuf zu ergreifen.[15] Marianne unterrichtet zwar erst in England an verschiedenen Haus-

---

[14] Thomas Binotto: Durch alle Stürme. Bernarda Heimgartner – Ordensgründerin und Kämpferin für die Bildung der Frauen, Luzern 2003, S. 43.
[15] Ebd.

haltungsschulen Mädchen in Kochen und Hauswirtschaft; dennoch kann auch ihr Eintritt ins Kloster als ein Akt der Emanzipation gesehen werden. Und dabei geht es nicht nur um die Emanzipation vom Stiefelternhaus, auch der Schritt in die Fremde ist eine Befreiung vom eigenen Land, von der Heimat, von althergebrachten Traditionen und Denkweisen. Dazu kommt, so Binottos These, dass Frauen, je besser sie ausgebildet sind, desto weniger bereits sind, sich von Eltern, Ehemann, Kindern – kurz, ihrer Umwelt – manipulieren zu lassen.[16] Für diese Frauen, denen es wichtig ist, selbst Verantwortung zu übernehmen, kann das Ordensleben eine Alternative bieten – und im Umkehrschluss dabei helfen, das eigene Selbstbewusstsein zu stärken. Diese Chance hat die selbstbewusste Marianne genutzt, auch wenn das bedeutet, sich den Regeln einer Gemeinschaft zu beugen. Offenbar fiel es ihr leichter, sich dem „Willen Gottes", den sie über alles stellte, unterzuordnen, als einen Großteil des Lebens von einem Familienmitglied, seien es die Stiefeltern, der Stiefbruder oder ein Ehemann, abhängig zu sein. Das Leben als brave Mutter und Gattin passt zu Mariannes Lebzeiten nicht zu einer Frau, die Verantwortung übernehmen und ein – soweit möglich – selbstbestimmtes Leben führen möchte. Christian Feldmann hat in seiner Biografie über Hildegard von Bingen eine ähnliche Sichtweise: Er bezeichnet es

---

[16] Ebd.

als einen „frühen Akt der Emanzipation"[17], wenn Frauen das Kloster als Alternative wählten, um sich einem ungeliebten Mann zu entziehen oder auf diese Weise sogar die Auflösung ihrer Ehe durchsetzten. Brigitte Hamann beschreibt die Lage der heiratswilligen jungen Mädchen in ihrem Portrait über Österreich:

> *Der bürgerliche Mann der Zeit ... wollte*
> *eine Frau, die schön gehorsam und Dienerin*
> *der ganzen Familie war. Die meisten Mädchen*
> *aus gutem Hause wurden bereits im Alter von*
> *16 bis höchstens 18 Jahren verheiratet und*
> *waren fortan ihrem Mann untertan. Intelli-*
> *genz war hinderlich, denn die Frau musste ja*
> *zu ihrem Ehemann aufsehen – oder wenigs-*
> *tens so tun, als täte sie dies.*[18]

Eher romantisch-verklärt sieht die Protagonistin in Hermine Hellmuth-Hugs 1919 erschienenem Tagebuch eines halbwüchsigen Mädchens die Gründe für den Eintritt ins Kloster. Die Aussage ist deshalb interessant, weil sich die Handlung Anfang des 20. Jahrhunderts abspielt und damit genau zu der Zeit, in der sich Marianne endgültig für das Leben im Konvent entschließt:

---

[17] Christian Feldmann: Hildegard von Bingen. Nonne und Genie, Freiburg/Basel/Wien 2012, S. 32.
[18] Brigitte Hamann: Österreich. Ein historisches Portrait, München 2009, S. 121.

Sie [...] ist riesig fromm und geht vielleicht
einmal als Nonne ins Kloster. Ich bin auch
fromm, wir gehen fast jeden Sonntag in die
Kirche, aber in ein Kloster möchte ich doch nie
gehen. Die Dora sagt, das tut man meistens
aus unglücklicher Liebe, weil einem die Welt
dann leer und verhaßt ist.[19]

Mariannes Schwester gelingt es nicht, die Erlaubnis für einen Besuch in der Schweiz zu erhalten. Die beiden Mädchen entwickeln sich unterschiedlich: Marianne weiß bereits mit jungen Jahren, dass sie in einen Orden eintreten und Schwester werden möchte. Darüber hinaus liegt ihr Zeit ihres Lebens die Bildung von Kindern, insbesondere von Mädchen am Herzen, was zahlreiche Stellen in ihren Briefen belegen. Vielleicht ist es die eigene Erfahrung des Kampfes um berufliche Freiheit und Eigenständigkeit, die die Wichtigkeit der schulischen Bildung für sie zur Herzensangelegenheit machen. Scheinbar verbindet die beiden Schwestern Marianne und Rosalia nicht viel, gehen doch die Interessen weit auseinander: Marianne verabschiedet sich als Achtzehnjährige von der Heimat; sie tauscht die ländliche Idylle ein gegen das Leben in der Stadt, geht nach Klagenfurt, Wien und Innsbruck.

---

[19] Hermine Hug-Hellmuth: Tagebuch eines halbwüchsigen Mädchens, 3. Aufl., Leipzig 1922, S. 68.

Rosalia dagegen wird bereits im Jahr 1906, ebenfalls mit 18 Jahren, zum ersten Mal Mutter. Die kleine Tochter wird auf den Namen Anna getauft und hält damit die Erinnerung an die verstorbene Mutter wach. Die Heirat mit dem Kindsvater, einem Lederer aus Spittal an der Drau, wird von der Stiefmutter untersagt – ein Verbot, das heute nicht mehr so recht nachvollziehbar scheint, aber weiterhin gilt und eingehalten wird, als fünf Jahre später die zweite Tochter Josefine zur Welt kommt. Marianne schreibt in einem ihrer Briefe nach dem Tod der Stiefmutter, ob Rosalia nun nicht doch ihren Franz heiraten möchte. Sie möchte nicht. Trotz alledem ist Rosalia wie Marianne eine tiefgläubige und fromme Frau; Kirche und Gebet bilden für sie ein unverrückbares Zentrum. Noch im hohen Alter spendet Rosalia regelmäßig an die „Sendboten des Heiligen Antonius" in Padua, eine noch heute aktive Initiative im Namen des Heiligen Antonius, die Spendenprojekte in aller Welt unterstützt. Die beiden Mädchen stehen sich weitaus näher als eine erste Betrachtung zunächst ahnen lässt: Nicht nur belegen die innigen Briefe Mariannes, die stets die Sorge um das Wohlergehen der Schwester ausdrücken, dass die ältere Schwester zu einer Ersatzmutter wurde, die selbst aus der Ferne über das Befinden der kleinen Schwester wacht. Im hohen Alter ruft die verwirrte und bettlägerige Rosalia laut nach ihrer Schwester: „Mariandl!" Man mag sich gut vorstellen, wie schwer der Abschied und die dauerhafte Trennung für die beiden Frauen gewesen sein muss. Rosalia überlebt ihre Schwester um 31 Jahre; sie stirbt 1977.

Im Mutterhaus der Schwestern vom Heiligen Kreuz in Menzingen im Schweizer Kanton Zug absolviert Marianne ihr Noviziat und schließt damit die kanonische, das heißt eine der Ordensregel entsprechende Probezeit ab. Als Novizin hat sie jetzt ein Jahr lang Zeit, sich intensiver mit dem Ordensleben, vor allem aber mit der eigenen Berufung und Spiritualität auseinanderzusetzen. Zur Außenwelt besteht in dieser Zeit nur wenig Kontakt: Intensive Gebete und Selbsterkenntnis sollen dabei unterstützen, die jeweils richtige Entscheidung zu treffen. Zudem erhalten die Novizinnen Unterricht in Theologie und Kirchengeschichte. Noch haben die Anwärterinnen jederzeit die Möglichkeit, sich gegen das Ordensleben zu entscheiden und den Konvent zu verlassen. Entscheiden sich die Frauen für das Leben im Konvent, legen sie nach einem Jahr die erste Profess als Schwestern vom Heiligen Kreuz für drei Jahre ab.

Bereits die ersten christlichen Mönche zelebrierten den Übergang von weltlichem zu kirchlichem Leben: Die zivile Kleidung wurde abgelegt und durch das von Abt bzw. Äbtissin verliehene Ordensgewand ersetzt. Die erste heute noch erhaltene Ordensregel des heiligen Cäsarius von Arles (470-542) weist darauf hin, dass die Novizin nicht sogleich das Habit erhalten darf, sondern während des Noviziats das Kleid tragen soll, in dem sie gekommen ist.[20]

Längst nicht jede Bewerberin wird bei den Schwestern vom Heiligen Kreuz aufgenommen – die jungen Frauen werden bereits in der Aufbauphase des Instituts unter Mutter Bernarda im Gespräch geprüft und ihre Motivation abgefragt. Diese steht an erster Stelle: Der Wunsch, im Lehrberuf tätig zu sein, zeichnet jede der Schwestern aus. Daneben spielen auch körperliche und geistige Leistungsfähigkeit sowie die „wissenschaftlichen Anlagen"[21] eine Rolle. Zudem muss jede der Bewerberinnen glaubhaft darlegen, dass sie sich künftig als Teil der Ordensgemeinschaft fühlen und die eigenen Bedürfnisse und Wünsche hintenanstellen wird.

Mit Eintritt in den Konvent erhält die Novizin außerdem einen Ordensnamen: Dürfen die Schwestern heute ihren Namen behalten, mussten sie früher drei Namen einreichen, die in ihrem religiösen Leben eine Rolle spielten. Die Auswahl ist beschränkt auf Namen von Heiligen oder Titeln für Maria als die Mutter Gottes. Die Oberin entscheidet daraufhin über den endgültigen Namen. Für Marianne wird „Cuthberta" ausgewählt, die weibliche Form von „Cuthbert". Bekannter Namensträger ist Cuthbert von Lindisfarne, ein englischer Mönch und Bischof aus dem siebten Jahr-

---

[20] Cäsarius von Arles: Klosterregeln für Nonnen und Mönche. Hrsg. v. Ivo Auf der Maur, St. Ottilien 2008, S. 16.
[21] Feldmann: Hildegard von Bingen, S. 150.

hundert und einer der bedeutendsten Heiligen der angelsächsischen Kirche. Er gilt auch als „Wundertäter von Britannien" und „Schutzpatron von Northumbria". Es scheint wahrscheinlich, dass während ihres ersten Aufenthalts in England bereits die Möglichkeit zur Mithilfe beim Aufbau weiterer Niederlassungen zur Sprache gekommen ist und ihr daher der Name mit Bezug zu ihrer neuen Heimat als Stütze bei den Vorbereitungen auf das Leben in der Fremde dienen soll.

Österreich-Ungarn annektiert im Jahr 1908 Bosnien und Herzegowina und löst die damit die Bosnische Annexionskrise aus. Zwar kann die Krise beigelegt werden, dennoch ist der Nationalismus der Völker aggressiver geworden; der Erste Weltkrieg rückt in Sichtweite. Im selben Jahr legt Marianne am 10. September in der anmutigen Marienkapelle im Menzinger Mutterhaus die erste Profess bzw. das Ordensgelübde ab: damit gibt sie als Novizin das öffentliche Versprechen, für die Dauer von drei Jahren in der Ordensgemeinschaft gemäß der Ordensregel zu leben. Die Profess wird nach Ablauf nochmals für weitere drei Jahre erneuert, ehe die Schwestern mit den ewigen Gelübden die Verpflichtung eingehen, dem Orden auf Lebenszeit zu dienen. In einem Brief aus dem Jahr 1938 beschreibt Marianne den Ablauf: „Nächste Woche haben wir Profeß, das heißt einige Schwestern bekommen ihr Kleid am Altar, vorher machen sie 8 Tage Exerzitien. Dieses Jahr gibt ein Bischof die Vorträge."[22] Darüber hinaus müssen sich alle Ordensmitglieder in der katholischen Kirche mit ihrem Gelübde dazu verpflichten, die sogenannten evangelischen Räte zu befolgen: Diese sind Gehorsam, Armut und Ehelosigkeit. Nach der ersten Profess arbeitet Marianne acht Monate lang in einem Waisenhaus in Sarnen (Kanton Obwalden) bei Luzern. Am 7. Mai 1909 bricht sie endgültig nach England auf; aus dieser Zeit stammen auch die meisten ihrer Briefe an ihre Familie. Über ihr Leben in der Fremde, die mit der Zeit zur neuen Heimat wird, erfahren wir mit vielen Lücken, da ihr wie den meisten Schwestern nur ein Brief an Weihnachten in die Heimat erlaubt ist und sicherlich einige ihrer Briefe im Laufe der Zeit verloren gingen.

Marianne stirbt am 9. November 1946 in ihrem 63. Lebensjahr an den Folgen einer Herzkrankheit. Sie behält Zeit ihres Lebens die österreichische Staatsbürgerschaft. Nach der Abreise nach England hat sie ihre Heimat und die geliebte Schwester nur ein einziges Mal wiedergesehen.

---

[22] Siebter Brief (1938).

Anna, die Mutter der beiden Mädchen, mit Mariannes
Schwester Rosalia im Jahr 1889.

2.1 Kleiner Exkurs: Das Heimatland Kärnten

Nichts beschreibt Kärnten und seine Landschaften besser als das Kärntner Heimatlied, das seit 1911 auch die offizielle Landeshymne ist. Die ersten drei Strophen des Gedichts wurden 1822 von Johann Thaurer von Gallenstein verfasst. Die vierte Strophe von Agnes Millonig ging im Jahr 1930 als Gewinner eines Preisausschreibens hervor und thematisiert – auf stark patriotisch und heimatreue Weise – den Kärntner Abwehrkampf[23].

Kärntner Heimatlied

Dort, wo Tirol an Salzburg grenzt,
des Glockners[24] Eisgefilde glänzt;
wo aus dem Kranz, der es umschließt
der Leiter reine Quelle fließt,
laut tosend, längs der Berge Rand,
beginnt mein teures Heimatland.

---

[23] Nach dem Ersten Weltkrieg beansprucht der neugegründete SHS-Staat (Königreich der Serben, Slowenen und Kroaten) Gebiete in Kärnten mit überwiegend slowenischsprachiger Bevölkerung. Der Streit gipfelt in kriegerischen Auseinandersetzungen zwischen Verbänden der provisorischen Kärntner Landesregierung und Truppen des SHS-Staats.
[24] Gemeint ist der Großglockner; mit 3798 Metern ist er der höchste Berg Österreichs.

Wo durch der Matten herrlich Grün
des Draustroms rasche Fluten zieh'n;
vom Eisenhut, wo schneebedeckt
sich Nordgaus Alpenkette streckt,
bis zur Karawanken Felsenwand
dehnt sich mein freundlich Heimatland.

Wo von der Alpenluft umweht
Pomonens[25] schönster Tempel steht,
wo sich durch Ufer, reich umblüht,
der Lavant[26] Welle rauschend zieht,
im grünen Kleid ein Silberband
schließt sich mein liebes Heimatland.

Und breitet über Öst'reichs Haus
Der Kaiseraar[27] die Schwingen aus -
Dann auch, von Feinden ungeneckt,
Sein Flügelpaar Karenta[28] deckt;

---

[25] Römische Göttin der Baumfrüchte.
[26] Nebenfluss der Drau.
[27] Altertümlicher Ausdruck für „Adler".
[28] Eine poetische Bezeichnung für Kärnten, die vermutlich auf das keltische Wort *karanto* für „Stein" oder „Fels" zurückgeht. Die Karawanken, ein Gebirgsstock, der die Grenze zwischen Kärnten und Slowenien markiert, geht auf den gleichen Wortstamm zurück.

Und segnend strecket Franzens Hand
Sich über dich, mein Vaterland!

Wo Mannesmut und Frauentreu'
die Heimat sich erstritt aufs neu',
wo man mit Blut die Grenze schrieb
und frei in Not und Tod verblieb;
hell jubelnd klingt's zur Bergeswand:
Das ist mein herrlich Heimatland!

Die Kärntner sind stolz auf ihre Heimat. Grund genug dazu haben sie allemal: Ganz im Süden Österreichs gelegen, sind Landschaft und Lage einzigartig. Gewaltige Berge, sanfte Täler, klare Gebirgsseen und das alles mit ein bisschen Glück bei schönem Wetter – der Einfluss Italiens macht sich nicht nur in Lebensart und Baustil bemerkbar, sondern auch an der warmen Luft, die ab und an aus dem Süden gen Kärnten strömt und für mediterranes Wetter sorgt. Zurecht ist Kärnten heute nach Tirol und Salzburg das wichtigste Tourismusziel Österreichs. Doch nicht nur die Landschaft, auch die Leute können glänzen. Bekannte Kärntner Literaten sind etwa Robert Musil, Ingeborg Bachmann und Peter Handke, auch wenn man deren Herkunft zunächst vielleicht gar nicht einzuordnen wusste. Ebenso zählt Heinrich Harrer zu der

Riege berühmter Kärntner Autoren: Viele werden ihn vor allem aus der Hollywood-Verfilmung seiner Biografie „Sieben Jahre in Tibet" kennen, in der Brad Pitt die Rolle Harrers übernimmt.

Daneben haben es Kärntner Künstler rund um den Nötscher Kreis[29] zu internationaler Anerkennung gebracht. Der realistisch orientierte Maler Sebastian Isepp, der freundschaftlichen Umgang mit Größen wie Oskar Kokoschka und Egon Schiele pflegte, ist gar im gleichen Jahr wie Marianne geboren.

Wie ist es um die Lebensbedingungen in Kärnten zu Lebzeiten Mariannes bestellt? Das österreichische Land, bis 1918 Herzogtum in der westlichen Reichshälfte Österreich-Ungarns, ist bis Mitte des 19. Jahrhunderts agrarisch geprägt. Die meisten Haushalte betreiben zumindest nebenher Landwirtschaft mit dem Ziel der Selbstversorgung, so auch Onkel und Tante von Marianne; weite Ackerflächen bestimmten das Bild. Erst ab circa 1860 wird der Tourismus zur Haupteinnahmequelle des Landes. Haben sich zuvor weder die Kärntner selbst noch die Urlauber um die Schönheit der Landschaft gekümmert, sorgt vor allem die Erschließung Kärntens durch Eisenbahntrassen für wachsende Touristenströme. Zunächst sind es vor allem die Wiener, die seit 1863 mit der Südbahn in die Kärntner Hauptstadt Klagenfurt und bereits

---

[29] Die Gemeinde Nötsch im Gailtal steht hier weniger für ein Programm als für den Lebensmittelpunkt der Maler Sebastian Isepp (1884-1954), Anton Kolig (1886-1950) und Franz Wiegele (1887-1944).

im Jahr darauf sogar bis Villach reisen.[30] Für heutige Verhältnisse unglaubliche elf Stunden dauert die Reise von Wien zum Wörthersee, dem beliebtesten Reise- und Ausflugsziel Kärntens. Zum Vergleich: Die Bahnfahrt heute dauert 4 Stunden und 14 Minuten (wenn alles gut läuft). Die Pörtschacher Halbinsel, bis dahin als profanes Ackerland genutzt, wird zum Touristenmagneten.[31]

Der Erste Weltkrieg bereitet dem touristischen Aufschwung Kärntens ein jähes Ende. Aufgrund der Lebensmittelknappheit nach dem Krieg verhängt die Landesregierung ein Fremdenverkehrsverbot. Zwar wird diese Einschränkung kurze Zeit später wieder aufgehoben und der Tourismus so gut es geht gefördert: Eigens für die Touristen werden Lebensmittel aus dem Ausland importiert.[32] Doch mit Ende des Krieges ist die wirtschaftliche Lage prekär, die Infrastruktur zerstört, Elektrizität wird aus benachbarten Bundesländern eingeführt.[33] Kärnten tritt dem neuen Staat Deutschösterreich bei, muss allerdings gemäß dem Friedensvertrag von Saint Germain [34] erhebliche Gebietsverluste [35]

---

[30] Martin Marktl: Zeitreise Kärnten. Ein Lesebuch zur Geschichte des Landes, Wien, Graz, Klagenfurt 2014, S. 206.

[31] Ebd.

[32] Ebd, S. 208.

[33] Ebd.

[34] Der Staatsvertrag von Saint-Germain-en-Laye regelt nach dem Ersten Weltkrieg die Auflösung Cisleithaniens und gibt die Auflagen für die Gründung der neuen Republik Deutschösterreich vor. Die Österreichisch-Ungarische Monarchie wird auch als Cisleithanien bezeichnet, also als „Land diesseits des Flusses Leitha".

[35] Herwig Valentin: Kärnten 1918–1920. Daten und Fakten zur Zeitgeschichte. Kärntner Verwaltungsakademie, Klagenfurt o.J. (2001), S. 3.

hinnehmen: Es büßt acht Prozent seines Territoriums und sechs Prozent der Bevölkerung ein. Daneben beansprucht das Königreich Jugoslawien Gebiete im Südosten Kärntens und dringt mit bewaffneten Truppen in Kärnten ein. Die provisorische Kärntner Landesregierung beschließt den Widerstand und reagiert mit dem Kärntner Abwehrkampf, euphemistisch auch "Freiheitskampf" genannt. Bei der Volksabstimmung vom 10. Oktober 1920 geben über 59 Prozent[36] ihre Stimme für den Verbleib der betreffenden Gebiete bei Österreich. Die Kämpfe werden eingestellt; der größte Teil Kärntens bleibt bei Österreich: Kärnten ist mit den im Vertrag von Saint Germain festgelegten Grenzen ein Land der Republik. „Die errungene Landeseinheit wird zum wichtigsten identitätsstiftenden Ereignis einer Zeit der Orientierungslosigkeit und wirtschaftlichen Krise", so Alexander Sattmann.[37] Die grauenvollen Erinnerungen an die Jahre des Ersten Weltkrieges verblassen angesichts der Neuschöpfung des Heimatlandes: „Kärnten hatte einen neuen Mythos, eine neue Geburtsstunde."[38]

Der grandiose Wirtschaftsaufschwung, dem die Goldenen Zwanziger Jahre ihren Namen verdanken, wirkt sich auch auf

---

[36] Ein bemerkenswertes Ergebnis, bekannten sich doch noch im Jahr 1910 circa 70 Prozent der Bevölkerung zur slowenischen Sprache. Siehe Alfred Ogris: Auf Spurensuche in Kärntens Geschichte. Diskussionen und Kontroversen, Klagenfurt 2011, S. 175.
[37] Alexander Sattmann: Kärnten verstehen. Geheimnisse, Besonderheiten, Anekdoten, Graz 2006, S. 70.
[38] Ebd.

Kärntens Fremdenverkehr aus: Es beginnt ein erneuter touristischer Boom, der sich ein Jahrzehnt lang fortsetzt und dem Land mehr Gäste als je zuvor beschert. Wirtschaftskrise und 1.000-Mark-Sperre[39] beenden den Touristentraum. Ein Schlag für die Kärntner, deren Einkommen mittlerweile zum Großteil von zahlungskräftigen deutschen Touristen stammt, die ihrerseits damit leben müssen, von den spöttelnden Österreichern auch gerne abwertend als „Piefkes" bezeichnet zu werden. Urlauber müssen nun bei Grenzübertritt von Deutschland nach Österreich eine Gebühr in Höhe von 1.000 Mark entrichten – umgerechnet entspricht das einer heutigen Kaufkraft von ungefähr 4.300 Euro. Diese wird zwar 1936 wieder aufgehoben, aber auch der „Anschluss" an das Deutsche Reich 1938 bringt nicht die erhofften Besucherströme.

Mit Beginn der 30er Jahre können die Nationalsozialisten vor allem bei Gemeinderatswahlen Stimmengewinne für sich verzeichnen. Neben einer zunehmenden politischen Radikalisierung trägt auch die Weltwirtschaftskrise wesentlich zu diesen Protestwahlen bei.

---

[39] Eine Wirtschaftssanktion der deutschen Reichsregierung in den Jahren 1933 bis 1936 mit dem Ziel, die österreichische Wirtschaft zu schwächen und damit den Sturz des diktatorisch regierenden Bundeskanzlers Engelbert Dollfuß zu initiieren. Vgl. Emmerich Tálos, Wolfgang Neugebauer (Hrsg.): Austrofaschismus – Politik, Ökonomie, Kultur 1933–1938, 5. Aufl., Münster 2005.

1942 wird Kärnten zum Kriegsschauplatz: Slowenische Partisanentrupps wehren sich gegen die propagierte „ethnische Säuberung" Südkärntens, im Zuge derer slowenischstämmige Familien systematisch ausgewiesen und in Konzentrations- und Arbeitslager gebracht werden. Die Befehlshaber scheint es wenig zu stören, dass die Väter und Söhne dieser Familien indessen als Soldaten für das Großdeutsche Reich kämpfen. Ab 1943 wird auch Kärnten Ziel der alliierten Bombardierung. Nur die Wiener Neustadt muss ein noch höheres Maß an Zerstörung als Villach verkraften, aber auch Klagenfurt trägt großen Schaden davon: 60 Prozent der Wohnungen sind beschädigt oder zerstört.[40] Am 8. Mai 1945 erreichen die Briten kurz vor den jugoslawischen Truppen Klagenfurt – und werden prompt von der Kärntner Tatkraft überrascht: In weiser Voraussicht haben sich bereits am 5. Mai Vertreter der demokratischen Parteien getroffen, um eine provisorische Landesregierung zu konstituieren und die Demokratie wiederherzustellen. Eine Gedenktafel am Klagenfurter Landhaus[41] erinnert an diese Episode:

In diesem Hause / haben am 7. Mai / 1945
Kärntner / Patrioten aus / eigener Kraft / die
Demokratie / im Lande wieder / hergestellt.

---

[40] Sattmann: Kärnten verstehen, S. 76.
[41] Das Landhaus Klagenfurt wird zwischen 1574 und 1594 durch die Kärntner Landstände errichtet. Es ist bis heute Sitz des Kärntner Landtags.

Marianne darf das Ende des Zweiten Weltkrieges im fernen England noch miterleben: Gespannt folgt sie von Kriegsbeginn an jeden Morgen am Radio den Nachrichten aus ihrem „lieb Österreich"[42]. Sie stirbt anderthalb Jahre nach Kriegsende.

---

[42] Achter Brief (1939).

Kärntner Impressionen Anfang des 20. Jahrhunderts: Idyllische Dörfer und Landschaften, aber auch der Abwehrkampf sowie die Volksabstimmung scheinen als Postkartenmotiv geeignet.

2.2 Die Schwestern vom Heiligen Kreuz

Die Kongregation der Schwestern vom Heiligen Kreuz – kurz auch Schwestern vom Hl. Kreuz oder Menzinger Schwestern genannt – ist eine franziskanische Frauengemeinschaft, die sich auf das Evangelium, also die dem Christentum zugrundeliegende frohe Botschaft, beruft und einem apostolischen Ordensleben nachgeht: Die Schwestern leben daher nicht in Klausur hinter Klostermauern, sondern sind in der Öffentlichkeit für das Gemeinwohl tätig. Die römisch-katholischen Ordensgemeinschaften unterscheiden zwischen Orden und Kongregationen: Als Kongregationen werden jüngere Gemeinschaften bezeichnet, die ab dem 17. Jahrhundert entstanden sind; Orden dagegen sind ältere Gemeinschaften mit mehr als 700 Jahren Bestand. Grundlage für das Zusammenleben der Menzinger Schwestern ist die Ordensregel des heiligen Franziskus von Assisi (1182-1226), in der sich seine beiden großen Anliegen wiederspiegeln: ein Leben in konsequenter Armut, gewidmet der Liebe und Barmherzigkeit gegenüber jeder Kreatur (sei es Mensch oder Tier) – eine für seine Zeit wahrhaft neue und radikale Denkweise. Eine Statue des Heiligen findet sich in dem idyllisch angelegten Garten des Mutterhauses, unweit der Kreuzkapelle, wo Mutter Bernarda Heimgartner, Mitbegründerin und erste Oberin der Menzinger Schwestern, ihre letzte Ruhestätte gefunden hat.

Das Ordensinstitut[43] wird 1844 von Pater Theodosius Florentini (1808–1865), der dem franziskanischen Bettelorden der Kapuziner angehört, zusammen mit Schwester Bernarda Heimgartner als „Kongregation der Lehrschwestern vom Heiligen Kreuz" gegründet. Der Schwerpunkt liegt auf den „Lehrschwestern": Gerade einmal drei Mitglieder zählt der neugegründete Orden und alle sind als Lehrerinnen tätig – Zielsetzung ist die Erziehung der weiblichen Jugend in der Schweiz[44]: Zwar gibt es seit 1848 die obligatorische Volksschule für Jungen und Mädchen, doch erst 1874 wird der Anspruch auf kostenfreien Primarunterricht auch in der Bundesverfassung verankert. Hier sehen die Menzinger Schwestern ihre Hauptaufgabe: Sie möchten mit ihrer Bildungsinitiative Frauen und Mädchen aus einkommensschwachen Familien erreichen. Schulbildung ist mit Zeit und Kosten verbunden, und gerade in landwirtschaftlich geprägten Gegenden wird die Arbeitskraft auf Feld und Hof weitaus mehr geschätzt als ein regelmäßiger Unterricht. Die Schwestern selbst formulieren den Ursprung ihrer Ausrichtung folgendermaßen:

---

43 Die kirchenrechtliche Bezeichnung römisch-katholischer Ordensgemeinschaften lautet Ordensinstitut.

44 Sr. Rudolfina Metzler: Kreuzweg der Pflicht. Lebensbild von Mutter Bernarda Heimgartner, Freiburg/Schweiz 1949, S. 11.

Unsere Gründer Pater Theodosius Florentini und Mutter Bernarda Heimgartner, aber auch Franziskus von Assisi, zu dessen geistlicher Familie wir gehören, wagten es, sich auf die Not der Menschen ihrer Zeit einzulassen. Sie taten dies ‚mit Leib und Leben' und hatten dabei vor allem Menschen ‚am Rande' im Auge:

- *Aussätzige zur Zeit des Franz von Assisi*
- *Frauen und arme Mädchen ohne Möglichkeit für Bildung [...]*
- *Ausgebeutete Arbeitskräfte in Fabriken*
- *Vernachlässigte Waisen und Kranke*[45]

Schwester Bernarda wächst als Maria Anna Heimgartner im Kanton Aargau in einfachen Verhältnissen auf; ihr Vater ist Schuhmacher und Kleinbauer. Auf Anraten Florentinis wird sie im Pensionat des Kapuzinerinnenklosters Maria Krönung in Baden (Kanton Aargau) zur Lehrerin ausgebildet. Am 16. Oktober 1844 legen sie und ihre Mitschwestern die Gelübde ab und versprechen, ihr Leben dem Unterricht und der Erziehung der weiblichen Jugend zu widmen. Am Tag darauf wird sie erste Oberin der Menzinger Schwestern. Einfach ist diese Aufgabe nicht: Ne-

---

[45] Editions du Signe (Hrsg.): Schwestern vom Heiligen Kreuz, Strasbourg 1994, S. 2.

ben der großen Armut des Ordens nimmt sie die „Doppelbelastung" als Oberin einer heranwachsendenden Kongregation einerseits und die Verpflichtungen als Volksschullehrerin in dem kleinen Bergdorf Menzingen andererseits in Kauf. Sie ist „durch und durch Erzieherin und Lehrerin und hatte einen tief wirkenden Einfluß", so Sr. Rudolfina Metzler in ihrer Biografie über Mutter Bernarda.[46] Bereits ein Jahr nach Gründung wird eine weitere Schule in Galgenen (Kanton Schwyz) übernommen; 1851 sogar ein Lehrerinnenseminar in Menzingen eröffnet.[47] Im Laufe der 1850er Jahre wird das Institut durch den Kauf eines größeren Hauses erweitert und zudem in Wurzach (Württemberg) die erste Niederlassung außerhalb der Schweiz begründet. Im Jahr 1863 stirbt Mutter Bernarda; unter ihrer Leitung ist das Ordensinstitut auf über 120 Schwestern angewachsen.[48] Eine Seligsprechung wird ihr bisher verwehrt; dennoch sind ihre Mühen für den Orden nicht vergessen: Bis heute legen Pilger Blumen und Kerzen an ihrem Grab nieder und bitten um ihre Fürsprache.

Im Jahr 1902 reisen die ersten Schweizer Lehrschwestern nach England aus, wo eine Niederlassung in Wimbledon eröffnet wird: Mariannes erste Station in ihrem neuen Leben in England. Wimbledon ist zu dieser Zeit noch kein „Borough" (Stadtbezirk) von

---

[46] Metzler: Kreuzweg der Pflicht, S. 30.
[47] Editions du Signe (Hrsg.): Schwestern vom Heiligen Kreuz, S. 9.
[48] Binotto: Durch alle Stürme, S. 183.

London, sondern eine eigenständige Stadt mit über 40 000 Einwohnern. Für Marianne muss der erste Eindruck des geschäftigen Lebens auf den Straßen, der stattlichen Gebäude und natürlich der noch fremden Sprache überwältigend gewesen sein.

In der englischen Provinz wachsen die „Sisters of the Holy Cross" stetig an, sodass in der ersten Hälfte des 20. Jahrhunderts mehrere Schulen eröffnet werden können: zunächst in Wimbledon, aber auch in Hereford im Westen Englands (Grafschaft Herefordshire) sowie in Gerrards Cross (Graftschaft Buckinghamshire) und Woking (Grafschaft Surrey) – an diese Orte wird auch Marianne später berufen werden. In den 1960er Jahren steht der Orden in seiner Blüte – die Menzinger Schwestern zählen über 3 000 Mitglieder. Seit 1968, einer Periode, die gerade auch für Frauen ein revolutionäres Umdenken und einen feministischen Befreiungsschlag anstieß, sinken die Zahlen jedoch stetig. Es ist nicht länger notwendig, als Antwort auf die Sinnsuche nach einem alternativen Leben oder zur Befreiung aus bürgerlichen Nöten und Zwängen ins Kloster einzutreten. Einzig ein fester Glaube und der dauerhafte Wunsch, der Gemeinschaft zu dienen, reichen nicht aus, um die Mitgliederzahlen zu halten.

Das Mutterhaus der Schwestern befindet sich nach wie vor in Menzingen im Schweizer Kanton Zug. Darüber hinaus gibt es mittlerweile nicht nur Ordensprovinzen in Europa, sondern auch in Südamerika, Afrika und Indien. Außerdem haben die Menzinger Schwestern ein prominentes Mitglied hervorgebracht:

Sr. Pascalina Lehnert (1894-1983), die Papst Pius XII. als Haushälterin diente und wohl eine außerordentlich einflussreiche Stellung im Vatikan innehatte. In ihrer Autobiografie „Ich durfte ihm dienen. Erinnerungen an Papst Pius XII." und in der im Jahr 2007 erschienenen Biografie von Martha Schad „Gottes mächtige Dienerin. Schwester Pascalina und Papst Pius XII." sowie in einem Film zum Buch kann man mehr über diese ungewöhnliche Frau erfahren. Auf organisatorischer Ebene wird unterschieden zwischen Ordensinstitut, Provinzen sowie einzelnen Niederlassungen. Eine „Provinz" ist eine Vereinigung mehrerer Niederlassungen: Dabei handelt es sich jeweils um Kleingemeinschaften, in denen die Schwestern zusammenleben und versuchen, ihrem Auftrag gerecht zu werden:

> *Wir möchten Gottes Wirken sichtbar machen, uns einsetzen für Bewahrung der Schöpfung, Friede und Gerechtigkeit, mit den Kräften, die uns heute zur Verfügung stehen. Als Menzinger Schwestern dienen wir dem Leben, indem wir den christlichen Glauben in der Welt wachhalten möchten. Diesen Weg gehen wir als Gemeinschaft in Ehelosigkeit, Einfachheit und Verfügbarkeit.[49]*

---

[49] http://kloster-menzingen.ch/wer-sind-wir-2/uber-uns-2/ (abgerufen am 28.09.2016).

Heute sind es weltweit noch 1 712 Schwestern, die sich auf insgesamt 15 Länder in Europa, Südamerika, Afrika und Asien verteilen (Stand Dezember 2014).[50] In England sind mittlerweile nur noch 17 Schwestern tätig.

Dagegen können Indien und Afrika einen hohen Zustrom an Schwestern aufweisen; hier besteht nach wie vor hoher Bedarf an engagierten Frauen, die tatkräftig einen Weg aus Not und Misere aufzeigen und Mädchen die Möglichkeit einer Schulbildung geben. Die Schwestern engagieren sich längst nicht mehr allein im Bereich der Mädchenbildung; auch in Alters- und Pflegeheimen, als Seelsorger sowie in der Sozialarbeit und Behindertenhilfe sind sie im Einsatz.[51]

Wie lange es den Orden noch geben wird, weiß niemand; eine Auflösung zumindest in Europa scheint aber in nicht allzu weiter Zukunft zu liegen. Gleichzeitig besteht die Hoffnung, dass die wertvolle Arbeit der Menzinger Schwestern danach in anderer Form weitergeführt werden wird.

So sind sie denn auch gelassen ob einer möglichen Einstellung des Ordens, denn, wie sie selbst sagen: Die vergangenen Bildungsziele sind erreicht, inzwischen übernimmt der Staat alle Bildungsaufgaben, man ist zufrieden ob des Erreichten. Die Arbeit geht

---

[50] http://kloster-menzingen.ch/ubersichtsblatt-weltweit (abgerufen am 29.06.2017).
[51] Editions du Signe (Hrsg.): Schwestern vom Heiligen Kreuz, Strasbourg 1994, S. 18.

nun an anderer Stelle weiter, wo Mädchen und Frauen weiterhin auf Hilfe und Unterstützung angewiesen sind, um ein selbstbestimmtes Leben führen zu können.

Institut der Schwestern vom Heiligen Kreuz in Menzingen: Innenhof mit einer Statue des Hl. Franziskus, Säulengang mit Urnengräbern der Schwestern sowie die Außenfassade mit der Ordensdevise „In Cruce Salus" (Im Kreuz ist Heil).

3 Die Briefe

3.1 Erster Brief (1907)

Der erste Brief von Marianne ist wie viele der Folgebriefe in der Weihnachtszeit verfasst.

Marianne lebt als Novizin bei den Schwestern vom Heiligen Kreuz in Menzingen. Es ist davon auszugehen, dass ein längerer Brief an Onkel und Tante versendet wurde und das kurze Schreiben an Rosalia als Ergänzung beigelegt war. Bereits in diesem ersten Brief wird deutlich, wie sehr Marianne eine gute Ausbildung für ihre Schwester am Herzen liegt – nachdrücklich bittet sie diese, doch auch selbst nach einer Lehrstelle Ausschau zu halten. Auch scheint ihr viel daran gelegen, Rosalia bei sich in Zug aufzunehmen; sie vermittelt den starken Wunsch, ihrer Schwester zu zeigen, was außerhalb der Heimat möglich ist, welche Perspektiven dort auf sie warten: „Du könntest dort so vieles und schönes lernen", schreibt sie. Im Sommer sei diese Chance schon wieder vertan – in den Monaten von Juni bis Oktober wird jede Hilfe für Feldarbeit und Ernte benötigt. Aber auch hier scheint die Tante und Stiefmutter die letzte Entscheidung zu treffen; klar geht aus dem Brief hervor, dass diese zunächst um die Erlaubnis zur Reise gebeten werden muss. Rosalia ist zu diesem Zeitpunkt erst neunzehn Jahre alt und damit noch nicht volljährig. Zu einem Besuch kommt es nie; vielleicht wird ihr die Einwilligung für die Reise nicht gegeben, vielleicht möchte sich die junge Mutter aber auch nicht für längere Zeit von ihrem Kind trennen und es alleine bei der Verwandtschaft zurücklassen.

Auch die Frömmigkeit der jungen Novizin wird deutlich, wenn sie ihre Schwester fragt: „Hast Du die 3 Ave [Maria] schon wieder vergessen zu beten am Morgen und am Abend?" Sie scheint wohl nicht so recht damit einverstanden, dass Rosalias Zugang zu Religion und Glauben etwas freier und weniger regelgebunden als der ihre ist. Erwähnt wird außerdem ein Buch, das Marianne ihrer Schwester bereits in einer früheren Sendung hat zukommen lassen: „Auch hoffe ich, daß Du in dem Buch, welches ich Dir geschickt habe, öfters lesen thust, wie gefällt es Dir?" Dabei handelt es sich um ein kleinformatiges ledergebundenes und mit Heiligenbildern illustriertes Buch über 800 Seiten mit dem Titel „Mit ins Leben. Gedenkblätter und Gebete, den Töchtern des katholischen Volkes als Begleiter durch die Jugendjahre gewidmet".[52] Neben der schulischen Ausbildung ihrer Schwester scheint sich Marianne vorgenommen haben, auch auf die fromme Bildung ihrer Schwester einzuwirken. Wahrscheinlich hat Marianne das Buch auch selbst gelesen, wendet sich doch die Verlagsanstalt mit der

---

[52] P. Cölestin Muff: Mit ins Leben. Gedenkblätter und Gebete, den Töchtern des katholischen Volkes als Begleiter durch die Jugendjahre gewidmet, Einsiedeln, Waldshut, Köln [1906].

Bitte an die Leserinnen, das Buch „Ihren Freundinnen angelegentlich zu empfehlen [...]".[53] Neben verschiedenen Kapiteln zur Vorbereitung junger Frauen auf Ehe und Mutterschaft, täglichen Gebeten und Andachten findet sich auch ein Zitat von Friedrich de la Motte Fouqué: „Was ist die größte Freud' auf Erden? Ein trauter Umgang mit dem Herrn; Das ist nicht nur ein Seligwerden, Ist Seligsein im tiefsten Kern."[54] Ein Ausspruch, der in besonderem Maße auch für Marianne gilt und anklingen lässt, aus welchem Anlass die junge Frau das Ordensleben für sich gewählt haben mag. Der „traute Umgang mit dem Herrn", das „Seligwerden" und „Seligsein" ist im Alltag mit Ehe und Familie sicherlich nicht so einfach umzusetzen wie in einer Glaubensgemeinschaft mit festen Regeln und Zeiten für Gebet und Stille.

Mariannes eifrige Bemühungen um die Glaubensstärkung ihrer Schwester scheinen nicht umsonst gewesen zu sein – heute wirken Ledereinband und Seiten stark abgenutzt und sicherlich hat Rosalia das Buch des Öfteren zur Hand genommen. Im Inneren des Büchleins findet sich die Widmung „Für Rosa, Einsiedeln 28. Aug. 07, zur letzten frommen Erinnerung an Deine dich liebende Schwester Marianna[55]. Lies oft in diesem Buch!"

---

[53] Ebd., S. 1.
[54] Ebd., S. 624.
[55] „Marianna" ist der Name, den Marianne (oder eigentlich Maria) für sich selbst anwendet, innerhalb der Familie wird sie „Marianne" oder liebevoll „Mariandl" genannt.

Marianne ist, nachdem am 17. August im Bezirk Villach ein Heimatschein für sie ausgestellt wird, Ende August in der Schweiz eingetroffen. Der Heimatschein dient noch bis 1938 als Beweis über den Besitz des Heimatrechtes in einer Gemeinde; von Nutzen vor allem aufgrund des damit verbundenen Rechts auf ungestörten Aufenthalt sowie Anspruch auf Armenversorgung. Eheliche Kinder erhalten das Heimatrecht in der Gemeinde, in der der Vater zur Zeit ihrer Geburt beheimatet war. Ob die Schweizer Kongregation einen solchen Nachweis verlangt oder ob Marianne selbst für den Fall einer Rückkehr aus der Schweiz vorsorgen möchte, ist ungewiss. Des Weiteren lässt sie eine Porträtfotografie von sich anfertigen – jenes Bild, auf dem sie so selbstbewusst den Kopf hebt und leise lächelt. Neben dem weißen Spitzenkragen ist eine Kette mit Kreuzanhänger ihr einziger Schmuck.

Sie macht wohl in Einsiedeln erste Station; eine der Niederlassungen der Schwestern vom Heiligen Kreuz befindet sich hier. Wann genau sie in das knapp 20 Kilometer entfernte Menzingen weiterreist, ist nicht bekannt. Sie befindet sich auf dem Weg in einen neuen Lebensabschnitt – ein Zurück gibt es für sie jetzt nicht mehr. Die handschriftliche Eintragung des Wortes „letzten" zwischen den vorgedruckten Wörtern „zur Erinnerung" in der Widmung an ihre Schwester verstärken diesen Eindruck. Sie unterschreibt die Widmung noch mit ihrem Taufnamen „Marianna", den folgenden Brief von Dezember 1907 unterzeichnet sie bereits mit ihrem Ordensnamen „Schwester Cuthberta".

Liebe Schwester!

Auch für Dich möchte ich gerne noch ein paar Zeilen beilegen und Dir recht viel Glück und Segen wünschen zum neuen Jahr. Möge der liebe Gott Dich segnen und Dir den rechten Weg zeigen, den er für Dich bestimmt hat. Auch wünsche ich Dir, Du mögest einen rechten Platz finden zum Lernen. Du mußt auch selbst ein wenig dazu schauen, daß Du etwas lernen darfst, sonst geht der Winter vorbei und Du bist noch daheim, im Sommer kommst Du gar nicht dazu. Bitte die Tante, vielleicht läßt sie Dich doch mal nach Zug kommen, es würde mich sehr freuen. Du könntest dort so vieles und schönes lernen. Ich lege Dir auch ein Bildchen zum Andenken bei. Hast Du die 3 Ave schon wieder vergessen zu beten am Morgen und am Abend? Auch hoffe ich, daß Du in dem Buch, welches ich Dir geschickt habe, öfters lesen thust, wie gefällt es Dir? Bete auch für mich ein wenig und ich will für Dich beten.

Mit vielen Grüßen schließe ich mein Schreiben und verbleibe Deine Dich stets liebende

Schwester Cuthberta

Marianne im August 1907 in Innsbruck.

3.2 Zweiter Brief (1909)

Das zweite noch erhaltene Schreiben in Form einer Postkarte an die Stiefeltern zeigt das „Convent of the Holy Cross" in der 20 Pelham Road in Wimbledon – ein gepflegtes zweistöckiges Gebäude in traditioneller Backsteinarchitektur mit Erkern, Rundbogenfenstern und stattlichem Portal. Der Vorgarten ist von einer perfekt gestutzten Hecke umschlossen. Auf der Ansichtskarte hat Marianne die beiden Erker sorgsam als Wohn- und Speisezimmer markiert. Doch der äußere Eindruck täuscht: Für Marianne beginnt eine harte Zeit. Sie lebt in bescheidenen Verhältnissen; der Orden ist mittellos und es mangelt an Arbeitskräften. Zwar wird sie ihrem Nachruf gemeinsam mit Sr. Leontine als „Bahnbrecherin der englischen Provinz"[56] bezeichnet, doch gleichzeitig geht aus dem Dokument hervor, dass die schwere körperliche Arbeit in Küche, Waschküche, Nähzimmer und Garten sowie die karge Ausstattung ihrer ersten Wohnstätte in England einer „Prüfung ihres Berufes" gleichkommt. Dennoch hat sie wohl die Dinge mit Humor genommen, was ihr laut Verfasserin so manches Mal geholfen habe, über die primitiven Umstände hinwegzusehen.[57]

Die Ansprache „Wohlthäter" in ihrem Brief an die Kärntner Verwandtschaft lässt darauf schließen, dass sie von ihrem Onkel

---

[56] Sr. Christina Klischowksky: Nekrolog Sr. Cuthberta. In: Grüsse aus dem Mutterhaus, Nr. 65/Ostern 1948, S. 47f., S. 47.
[57] Ebd.

finanziell unterstützt wird – eventuell hat er auch einen Beitrag zu der Überfahrt geleistet. Die Reise war sicherlich nicht günstig; zwar hatten sich die Kosten für eine Eisenbahnfahrt in den Jahren zwischen 1850 und 1910 mehr als halbiert, dennoch musste mit Kosten von 3,5 Rappen pro Kilometer gerechnet werden[58]: Für eine Fahrt von der Schweiz nach Hamburg sind das in der billigsten Zugklasse bereits 350 Franken. Zum Vergleich: Ein Bauarbeiter verdiente 1910 ungefähr 4,5 Franken pro Tag.[59]

Marianne ist eine von insgesamt 524 Schwestern, die zwischen 1898 und 1939 in Missionsgebiete entsandt wird.[60] Die lange Reise von der Schweiz nach England scheint sie bis auf ein „kleines Reiseübel" gut überstanden zu haben; letztlich kann man nur vermuten, dass ihr die langen Zugfahrten in einer sicherlich billigen Wagenklasse mit Holzbänken (daher auch der Name „Holzklasse"), eine eventuell stürmische Überfahrt auf dem Ärmelkanal, das ungewohnte Essen und ganz einfach die Übermüdung auf Magen und Seele geschlagen sind. Man kann davon ausgehen, dass Marianne bei den Überlandfahrten mit einer Durchschnittsgeschwindigkeit von 28,1 km/h gereist ist; schnellere Eisenbahnverbindungen zwischen Städten erreichten im Jahre 1910 im

---

[58] Hans-Ulrich Schiedt: Reisezeiten im 19. Jahrhundert, in: Wege und Geschichte (02/2008), S. 4–9, S. 2.
[59] Ebd., S. 3.
[60] Editions du Signe (Hrsg.): Schwestern vom Heiligen Kreuz, Strasbourg 1994, S. 12.

Schnitt immerhin 42,1 km/h; die Höchstgeschwindigkeit lag bei 90 km/h. [61]

Die Postkarte unterschreibt Marianne mit „Eure Nichte". Ihrer Schwester lässt sie liebe Grüße zukommen. Ihre Aufforderung im Postskriptum lässt auf eine eher schreibfaule Verwandtschaft schließen: Dies ist nur die erste von vielen Bitten, ihr doch auch einmal ein Lebenszeichen aus der Heimat zukommen zu lassen.

---

[61] Schiedt: Reisezeiten im 19. Jahrhundert, S. 3.

Wimbledon

12.03.[1909]

Bester Wohlthäter

Glücklich bin ich in London angekommen und bin auch wieder gesund, es war nur ein kleines Reiseübel. Dieses Bild zeigt Euch meine jetzige Heimat und 1 ist Wohnzimmer 2 Speisezimmer. Nun nur noch viele Grüße an alle und verbleibe Eure dankbare Nichte

Marianne

Bitte auch einmal eine Antwort

Viele liebe Grüße an meine liebe Schwester

Convent of the Holy Cross, Wimbledon, London und Marianne in Ordenshabit, Innsbruck (ca. 1908).

3.3 Dritter Brief (1909)

Das dritte Schreiben Mariannes – erneut in Form einer Postkarte – fasst sich kurz. Neben den guten Wünschen zum neuen Jahr bringt sie lediglich die Bitte zum Ausdruck, sich doch wieder einmal zu melden; der letzte Brief vom März 1909 scheint unbeantwortet geblieben zu sein. An Verwandte und Freunde in der Heimat lässt sie Grüße ausrichten.

Auf der Karte ist ein weiteres Institutsgebäude in der Southey Road in Wimbledon abgebildet. Diesmal kennzeichnet Marianne auf der Ansichtskarte verschiedene Schlaf-, Bügel- und Wohnzimmer sowie die Kapelle. Philip Newill schreibt über die Wohnsituation der Schwestern in Wimbledon: „The house held twenty consisting of nuns, staff, servants and students staying there to learn English. Most of the 20 were from Switzerland and Austria. The superior was Sister Augustine who was English, and also there was Sister Klischowsky who was Polish."[62]

---

[62] Philip Newill: St Winefride's Catholic Church South Wimbledon and the First World War, London 2014, S. 10.

Im Jahr 1910 wird außerdem eine Mädchenschule in der Southey Road eröffnet, die bis in die 40er Jahre Bestand hat. Alte Postkarten zeigen einen Schlafsaal, den Schulhof, der für Sportunterricht genutzt wird sowie einen voll ausgestatteten Chemiesaal.

Wimbledon

28th Dezb. 1909

Lieber Onkel und Tante!

Lange habe ich gewartet, aber es wollte nichts kommen und weil das neue Jahr jetzt nahe ist so möchte ich nicht versäumen euch meine besten Glückwünsche darzubringen, möge der liebe Gott Euch diesen Tag noch oft froh glücklich erleben lassen. Darf ich auch wieder einmal ein Brieflein von Euch erwarten?

Viele Grüße an Rosl, Pepi und alle Bekannten. Die Karte zeigt Euch unser Institut von vorne.

Mit herzlichem Gruß verbleibe ich Eure dankbare Nichte

Sr. Cuthberta

P.S. Viele Grüße und Glückwünsche [an die Verwandtschaft]. Ich kann nicht zu allen schreiben. Bitte seid so gut und richtet es aus.

Institutsgebäude in der Southey Road, Wimbledon, London.

3.4   Vierter Brief (1922)

Dreizehn Jahre sind seit dem letzten Brief Mariannes vergangen, wahrscheinlich sind einige ihrer Schreiben über die Jahre verloren gegangen. Der vierte Brief stammt vermutlich aus dem Jahr 1922. Marianne lebt bereits seit fünf Jahren in Wimbledon, als Kaiser Franz Joseph I., der Österreich seit 1848 regiert, am 28. Juli 1914 Serbien den Krieg erklärt. Damit beginnt sowohl der erste Weltkrieg als auch der Untergang des österreichisch-ungarischen Kaiserreichs. Im September 1914, anderthalb Monate nach Kriegsausbruch, legt sie die ewige Profess ab.

Im November 1916 stirbt der altersschwache Kaiser Franz Joseph in Wien. Im Jahr darauf muss Marianne sehr in Sorge um ihre Familie in der Heimat gewesen sein: Auch Österreich ist vom „Steckrübenwinter" betroffen; Missernten und die britische Seeblockade haben eine Hungersnot ungekannten Ausmaßes zur Folge. Außer Steckrüben, eigentlich Viehfutter, gibt es kaum noch etwas zu essen. Das Jahr 1918 bringt endlich Frieden. Das 600 Jahre alte Habsburger Vielvölkerreich gehört der Vergangenheit an; innerhalb weniger Wochen wird es aufgelöst. Österreich ist es fortan verboten, sich dem deutschen Staat anzuschließen, auch die allgemeine Wehrpflicht wird abgeschafft. Doch die Armut des neuen Kleinstaates ist noch nicht überwunden: Die Regierung ist nicht in der Lage, die große Not des Volkes zu lindern; darüber hinaus muss sie Reparationszahlungen an die Siegermächte[63] leisten.

Aus Mariannes Nekrolog der Menzinger Schwestern geht hervor, dass sie sich im Ersten Weltkrieg um belgische Flüchtlinge kümmert, die in der Cumberland Lodge in Wimbledon untergebracht sind. In ihrem Nachruf wird vor allem Mariannes Güte, Mütterlichkeit und Selbstaufopferung betont. Die Flüchtlinge lernen Marianne noch mehr schätzen, als sie von ihrer Herkunft erfahren: Immerhin ist Österreich in erster Linie Kriegsgegner. Wie die übrige Bevölkerung durchleben auch die Schwestern eine entbehrungsreiche Zeit – es mangelt an Lebensmitteln und ganz grundlegenden Dingen des täglichen Bedarfs. Daneben müssen die Schwestern des Öfteren ihre Stellung rechtfertigen, da sie als „Deutsche" eingestuft werden. Dennoch hilft der Staat mit Lebensmitteln für die zwei von den Menzinger Schwestern betreuten Flüchtlingsheime aus.

Während des Krieges ist ein Briefverkehr von England auf legalem Wege nicht möglich; dies mag mit ein Grund für die Schreibpause zwischen Marianne und ihrer Familie sein. Auch der vierte Brief ist zum Jahreswechsel verfasst. Die meisten Schwestern erhalten lediglich die Erlaubnis, zu Weihnachten an die Ver-

---

[63] Das sind Frankreich, das Vereinigte Königreich von Großbritannien und Irland, die USA sowie das Königreich Italien.

wandten zu schreiben, auch wird Post zensiert oder zumindest geöffnet. Antworten auf Briefe sind dagegen immer möglich; sicherlich ein weiterer Grund für Mariannes stetige Bitten um Post von zuhause – aus eigenem Antrieb darf sie nicht schreiben. Allerdings hat sich wohl nur noch Cousin Pepi sporadisch um das Schreiben bemüht; zum Weihnachtsfest 1922 erhält Marianne gar keine Nachricht mehr. Sie fragt nach dem Grund des Schweigens und vermutet, dass ihre Einmischung in die Schulbildung ihrer beiden Nichten Grund für das lange Schweigen sein könnte. Sicherlich ist es ihr Anliegen, ihren Cousin und ihre Schwester dazu untermuntern, den beiden Mädchen eine gute Schulbildung zu ermöglichen; damals bei Weitem noch keine Selbstverständlichkeit. So betont sie denn auch, wie viel die Mädchen lernen könnten, wenn sie bei ihr wären. Marianne ist inzwischen zweifache Tante: Ihre Schwester hat noch ein uneheliches Mädchen, Josefine, geboren. Die Gesellschaft nach dem Krieg ist eine andere; Leben und Tagesablauf vor allem der Frauen haben sich während des Krieges verändert. Der Arbeitskräftemangel im Ersten Weltkrieg – arbeitsfähige Männer sind in erster Linie für den Krieg vorgesehen – führt in den USA und in Großbritannien zu einer größeren Akzeptanz von Frauen auch in bislang als männlich angesehenen Berufen. Bereits im Jahr 1903 hat Emmeline Pankhurst, eine britische Frauenrechtlerin und Suffragette, die Women's Social and Political Union ins Leben gerufen. Die bürgerliche Frauenbewegung macht in den folgenden Jahren die Öffentlichkeit durch Proteste, Demonstrationen und Hungerstreiks auf sich aufmerksam. Darüber hinaus weisen die Frauen auch auf ihre soziale Notlage hin: Der Lohnunterschied zwischen Männern und Frauen ist eklatant; die Arbeitszeiten liegen bei bis zu 10 Stunden pro Tag. Bereits Zwölfjährige werden zur Fabrikarbeit herangezogen, auch wenn deren Arbeitszeit de facto bei „nur" sechseinhalb Stunden pro Tag liegt. Nach dem Krieg wird die weibliche Beteiligung in den verschiedenen Bereichen des öffentlichen Lebens zur Normalität: Der Schritt zum allgemeinen Frauenwahlrecht ist nicht mehr weit und die Suffragetten erreichen letztlich ihr Ziel: Im Vereinigten Königreich setzt sich im Jahr 1928 das allgemeine Frauenwahlrecht durch. Obwohl sich die Suffragetten aufgrund von Protesten in Großbritannien firmieren, sind andere Länder wesentlich früher bereit, auch Frauen das Wahlrecht einzuräumen. So steht Neuseeland mit der Einführung im Jahr 1893 an der Spitze; es folgen unter anderem Australien (1902, wobei das Wahlrecht hier nur für weiße Frauen gilt, Aborigines sind noch bis 1967 von Wahlen ausgeschlossen), Österreich und Deutschland (1918), die USA und Kanada (1920) sowie Schweden (1921). Natürlich hat auch Marianne von diesen Umbrüchen mitbekommen; lebt sie doch nicht still hinter Klostermauern, sondern nimmt aktiv am gesellschaftlichen Leben teil und hilft gemäß des Ordensauftrages mit, Mädchen und jungen Frauen eine gute Ausbildung zur Verfügung zu stellen und damit den Eintritt ins Arbeitsleben zu erleichtern. Marianne lebt mittlerweile 240 Kilometer nordwestlich von London; überraschenderweise übt sie im Kloster nicht ihren gelernten Beruf der Köchin aus, sondern ist, wie sie schreibt, als Gärtnerin tätig. Sister Elizabeth, die ich in England treffen durfte, war als junge Novizin des Öfteren in Woking zu Gast und erinnert sich noch an Marianne in voller Imkermontur – sie habe die Natur und die Bienen geliebt. Ihr neues Zuhause ist das in Hereford (heute Herefordshire) gelegene Belmont House. Das stattliche Gebäude ist Teil der zu dem Benediktinerorden gehörigen Kirche St Michael of All Angels. Die Schwestern haben den Landsitz, der sich in einer malerischen Parklandschaft befindet, für zehn Jahre gepachtet, um dort ein Internat sowie ein Externat für Mädchen zu unterhalten. Noch bis 1947 unterrichten die Benediktiner-Mönche Kinder aus der Umgebung; heute gehört das Gebäude einem Golfklub.

Ein Prospekt der Schule im Postkartenformat aus den Zwanzigerjahren zeigt verschiedene Ansichten von Belmont Convent. Die Ordensdevise der Menzinger Schwestern „In Cruce Salus" („Im Kreuz ist Heil") prangt mittig auf der Vorderseite. Die Bilder im Innenteil zeigen Gärten, Spielwiese, Tennisplatz, Kapelle, Speisesaal, Klassenzimmer, Kindergarten (ebenso wie auch das Klassenzimmer mit Pulten ausgestattet) und Schlafsaal. Die Schülerinnen tragen verschiedene Uniformen: Ein dunkles Kleid mit weißer Bluse sowie verschiedene weiße Kleider – vermutlich die

Sonn- und Feiertagstracht. Die Ordensfrauen in den Bildern erscheinen stets im schwarzen Habit und Schleier und tragen ein gut sichtbares Kreuz als Halsschmuck. Wenn Marianne in ihrem Brief betont, wie viel ihre Nichten hier lernen könnten, dann liegt die Annahme nahe, dass sie ihre Nichten gerne bei sich im Belmont Convent gehabt hätte. Vielleicht war es dieser Vorschlag, der Schwester und Cousin zuhause zunächst verstimmt und das Ausbleiben der Weihnachtspost zur Folge hatte.

Trotz alledem beschreibt sie lebhaft das Weihnachtsfest im Kloster, das sie gemeinsam mit den Schwestern und Schülern verbringt – „und wie fröhlich sind alle" – gibt einen Einblick in das trübselige Wetter als Kontrast zur gemütlichen Weihnachtsstimmung und betont, dass sie recht glücklich sei, wäre nur „England nicht gar so weit von Österreich weg". Die Schwestern werden mehr und mehr zu Mariannes eigentlicher Familie; das Leben im Konvent ist ihre neue Heimat. Eine Konstellation, die nicht verwundert; auch Petra Altmann schreibt in ihrem Buch über das Leben von Mönchen und Nonnen: "Sie leben miteinander unter einem Dach, teilen die Besitztümer, die Einkünfte, die Arbeit, die Zeit, Probleme und Freuden und sind damit enger miteinander verbunden als so manche Familienmitglieder außerhalb des Klosters."[64]

---

[64] Petra Altmann: Wie Mönche und Nonnen leben, Münsterschwarzach 2009, S. 49.

Holy Cross Convent

Belmont

28th Dezb. [ca. 1922]

Beste Wohltäter, liebe Schwester und Nichten,

Viel Glück und Segen zum neuen Jahr. Möge der liebe Gott Euch alle noch viele Jahre gesund und wohl erhalten und Euch alles geben, was Ihr an Leib und Seele notwendig habt. Ich hoffe, daß Ihr alle gesund seid, was ich auch Gott sei dank von mir sagen kann. Für Weihnachten habe ich ganz bestimmt einen Brief von Euch erwartet? Pepi hat mir sonst doch noch hie und da geschrieben, aber jetzt ist auch er verstummt. Ich hoffe, daß ich Ihn in meinem letzten Briefe nicht beleidigt habe wegen der Schule für die zwei Mädels. Es war nur gut gemeint. Wenn Ihr wüßtet, wie viel Freude mir ein Brief von Euch bereitet, würdet Ihr mich sicher nicht so lange warten lassen. Von hier kann ich ja Euch so wenig schreiben. Ihr kennt ja den Ort und die Leute nicht.

Während den Weihnachtsfeiertagen habe ich gar oft an Euch gedacht. Mein herzlichster Wunsch wäre, daß Ihr alle könntet so schöne friedsame und fröhliche Weihnachten haben mit mir. Weihnachten daheim waren ja schön, aber im Kloster sind sie noch schöner. Ihr glaubt es vielleicht nicht, aber es ist doch wahr.

Dieses Jahr haben wir viele Kinder im Haus, welche wegen weiter Entfernung nicht haben heimgehen können. Und wie fröhlich sind alle, sie haben einen großen Christbaum und allerlei schöne und nützliche Sachen von daheim. Die liebe Frau Oberin und Lehrschwestern haben ihr bestes getan, das Heimweh fern zu halten.

Das Wetter ist geradezu schwerlich, Regen, Wind und Wind und Regen. Der Fluß neben dem Park ist schon lange über die Ufer hinaus und kalt ist es und doch hatten wir gestern ein kurzes Donnerwetter. Aber drinnen im Haus ist es schön warm und gemütlich. Jede Arbeit, jedes Gebet hat seine bestimmte Zeit; auch kleine Freuden, Spaß und Erholung sind auf der Tagesordnung. Mit einem Wort: Die Marian ist recht glücklich und ich wünsche nur, daß England nicht gar so weit von Österreich weg wäre, dann könnte ich Euch einmal sehen und Euch erzählen, wie gut der Herrgott ist mit mir.

Wir sind mit der Frau Oberin 16 Schwestern, davon sind nur 6 Engländerinnen und 4 Novizen, das sind Mädchen, welche sich fürs Klosterleben vorbereiten; alle diese sind Schweizerinnen. Von den Schwestern sind 7 Lehrerinnen, 2 Köchinnen, 3 Gärtnerinnen, (ich bin auch eine davon), 1 Wäscherin, 1 Näherin und die Frau Oberin, und alle haben genug zu thun. Im nächsten Brief werde ich eine Fotografie schicken von mir mit meinen 110 Zöglingen (Schülern).

*Das Christkind hat mir 1 Paar ganz neuartige Schuhe ge-
bracht, welche von Leder gemacht sind, aber keine Leder-, sondern weiße Gummicrepsohlen haben, und welche die Eigenschaft
besitzen sollen, daß sie <u>nie</u> zerreißen. Wenn das wahr wäre, ginge
es dem Lederer schlecht.*

*Nun möchte ich Euch nur noch bitten, mir bald zu schreiben
und mich wissen lassen, wie es Euch allen geht und was die Rosl,
Nettl und Fini macht.*

*Wenn die zwei Mädels nur hier wären, wie viel könnten sie
lernen.*

Nun Gott befohlen und

gedenket meiner im Gebet

wie auch ich immer für Euch bete

mit herzlichem Gruß verbleibe ich

Eure Sr. Cuthberta

Marianne mit einem ihrer Bienenstöcke; heute noch wird die Imkerei von den Schwestern in Chalfont St. Peter gepflegt. +++ Oben rechts: Die beiden Nichten Mariannes in Paternion, ca. 1925.

3.5 Fünfter Brief (1923)

Der fünfte Brief ist auf den 26. Dezember 1923 und damit fast auf den Tag genau ein Jahr nach dem vierten Brief datiert. Marianne lässt ihre Lieben in der Heimat wissen, wie gerne sie einen Besuch abstatten würde, dies aber seit dem Ersten Weltkrieg beinahe unmöglich geworden sei – es dürften lediglich Schwestern, deren Eltern erkrankt sind, in die Heimat reisen.

Zwei ausdrucksstarke Zitate fallen in diesem Brief auf: Marianne betont, dass das Briefeschreiben leider nicht ihr Fach sei und es ihr damit wie ihrer Schwester Rosl ergehe. Sie fügt hinzu: „Am schönsten wäre es halt, wenn wir miteinander plaudern könnten, aber ich glaube, das wird wohl erst im Himmel droben sein." Dieser einfache und fast schon kindlich fromme Ausspruch lässt eine Welt vor dem inneren Auge entstehen, die mit unserer so gar nichts mehr zu tun hat. Es fällt schwer, sich diese permanente und beinahe nicht zu überbrückende Trennung vorzustellen. Heute dauert ein Flug von Wien nach London nicht einmal zweieinhalb Stunden; das mobile Internet macht einen dauernden Austausch inklusive Fotos, Videotelefonie und Bildern möglich. Vor nicht einmal hundert Jahren dagegen war eine Europareise – trotz Eisenbahn und Automobil – noch immer eine Herausforderung. Dazu kommt die Strenge des Klosterlebens; Marianne ist an die Weisungen ihrer Oberin gebunden und kann nicht frei über ihren

Aufenthaltsort bestimmen. Dennoch – man kann davon ausgehen, dass ihr ein Leben nach dem „Willen Gottes" sinnvoller und vielleicht auch einfacher erschien als eines mit Familie und allen damit verbundenen Verpflichtungen und Einschränkungen.

Aus einem weiteren Zitat des Briefes geht hervor, dass Marianne wohl von ihren Cousinen ob ihres ungewohnten Berufswunsches ausgelacht wurde. Wer wird schon freiwillig Ordensschwester? Komisch ist sie, die Marianne, mögen sich die jungen Mädchen gedacht haben. Und der Spott lies sicher nicht lange auf sich warten. Allerdings ist Marianne 15 Jahre später davon überzeugt, dass keine der „Dirndln so glücklich ist als ich". Ehemann und Kinder sind für Marianne kein Garant für ein glückliches Leben – wohl eher das Gegenteil. Ein weiteres Zeugnis dafür, dass Marianne die richtige Entscheidung für sich getroffen hat. Eine Zeile weiter fragt sie, wer wohl die Gnade des Klosterberufes für sie erbeten hat: etwa eine unbekannte Frau Scheitz? Ihre Cousinen werden es wohl nicht gewesen sein ...

Convent, Belmont, Hereford

26. Dezb. 1923

Meine liebe Schwester, liebe Angehörigen,

Deinen Brief, liebe Rosl, habe ich erhalten und bin recht froh zu wissen, daß Ihr alle gesund und wohl seid, was ich auch Gott sei Dank von mir sagen kann. Verzeihet mir auch, daß ich Euch solange auf Antwort warten ließ. Aber es geht mir wie Dir liebe Schwester: Briefschreiben ist gar nicht mein Fach. Am schönsten wäre es halt, wenn wir miteinander plaudern könnten, aber ich glaube, das wird wohl erst im Himmel droben sein. Es ist seit dem Krieg viel strenger geworden mit dem Heimgehen, es dürfen nur solche Schwestern darum bitten, welche ihre Eltern noch haben und diese krank sind. Sonst muß es schon ganz etwas Besonderes sein, wenn man auf Besuch heim darf, und schon gar, wenn man so weit fort ist. Gerade jetzt während der Weihnachtszeit sind meine Gedanken recht oft bei Euch und ich wünsche Euch von ganzen Herzen, daß Ihr es auch so schön gehabt habt als ich.

Es sind jetzt nur wenige Kinder hier und so sind die Schwestern mehr beisammen. Etwa 10 Minuten von hier ist ein schönes

Benediktinerkloster; nicht so groß wie in Maria Saal[65], aber sie haben eine recht schöne Kirche, dorthin gingen wir mit etwa 30 Personen zur Mette und kamen um ½ 2 heim. Dann war Weihnachtsbescherung für die Kinder und auch an uns hat das lieb Christkind gedacht. Ein großer Christbaum funkelte im Kinderspeisesaal, wo einige Sängerinnen Weihnachtslieder sangen; es war so friedvoll und ich hatte nur gewollt, daß Ihr alle hättet auch dabei sein können.

Am Weihnachtsmorgen hatten wir zwei hl. Messen in unserer Hauskapelle. Der Vater Abt vom Kloster las sie, da wart <u>Ihr</u> <u>alle</u> dabei, vom Onkel angefangen bis zur Fini[66]. Ich hab auch dem lieben Gott gedankt, daß er der Tante wieder die Gesundheit geschenkt hat, schreibt bald wieder, wie es geht.

Dem Pepi besten Dank für die Karte aus Wien, ihm werde ich denn allein ein kleines Brieflein senden. Ihr schreibt nie etwas von [den Verwandten], wie geht es auch dort?

Ich glaube kaum, daß eine von den Dirndln so glücklich ist als ich und als ich ins Kloster ging, haben alle gelacht. Ich frag mich oft, wer mir wohl die Gnade des Klosterberufes erbittet hat, vielleicht die Frau Scheitz?

---

[65] Der Maria Saaler Dom ist eine nördlich von Klagenfurt gelegene Wallfahrtskirche im spätgotischen Stil.
[66] Gemeint ist Josefine; Mariannes jüngste Nichte und Großmutter der Autorin.

Rosl schreibt mir, daß Ihr alle Sachen habt gut verwerten kön-
nen, ich bin so froh. Wie steht's bei Euch jetzt mit den Lebensmit-
teln, ist noch alles so teuer? Hier in England merkt man kaum
mehr, daß ein Krieg gewesen ist. Kohlen sind wohl noch das teu-
erste. Es werden jetzt schon wieder viele Sachen vom Ausland
eingeführt, von Deutschland, Slawien, u.s.w.

So, jetzt habe ich lange geplaudert, behüt Euch Gott im neuen
Jahr und möge Er Euch allen seinen reichsten Segen geben.

Betet auch für mich und ich werde das gleiche thun.

In Liebe grüßt Euch alle

Sr. Cuthberta

CONVENT,
BELMONT,
HEREFORD.

26. Sept 1923.

Meine liebe Schwester, liebe Angehörige,

[handschriftlicher Brieftext, größtenteils unleserlich]

Erste Seite des Briefes von Marianne an ihre Familie aus dem Jahr 1923.

3.6   Sechster Brief (1927)

Auch dieser Brief Mariannes übermittelt Neujahrswünsche – mittlerweile für das Jahr 1928. Aus dem Brief geht hervor, dass sie die Familie in der Heimat besuchen durfte. Es ist das letzte Mal, dass sie Österreich und vor allem die geliebte Schwester wiedersieht.

Eigens für die weite Reise beantragt Marianne im österreichischen Generalkonsulat London einen Reisepass, der am 20. Dezember 1926 ausgestellt wird. Verschiedene Stempel und Marken zieren die Innenseiten – gesammelt auf dem langen Weg von England nach Österreich. Marianne gelangt mit der Fähre von Folkestone nach Boulougne-sur-Mer, damals die Hauptverbindung zwischen England und Frankreich. Im Jahr darauf wird die erste Autofähre auf dem Ärmelkanal ihren Betrieb aufnehmen; noch ist es aber nicht soweit: Man möge sich vorstellen, wie hunderte Passagiere zu Fuß mitsamt ihren Koffern und Habseligkeiten in Händen oder auf Karren auf die Brücke geströmt sind. Am 4. Januar 1927 ist auch Marianne unter den Reisenden. Ihre nächste im Pass vermerkte Etappe ist der Bahnhof Basel, den sie tags darauf erreicht. Weitere Einträge zeugen erst wieder von der Rückreise einen Monat später: Ein handschriftlicher Vermerk des französischen Konsulats in Zürich dient als Visa und erlaubt die unverzügliche Heimreise „sans arrêt" via Frankreich nach England. Auch vom Britischen Konsulat findet sich ein Eintrag, datiert auf den 1. Februar 1927: Dieser erlaubt die Rückreise nach England mit dem eingetragenen Zweck „returning to convent". Marianne darf wieder in die neue Heimat einreisen. Mit der Fähre geht es am 11. Februar von Boulogne-sur-Mer zurück nach Folkestone[67]. Die Heimreise ist geglückt.

Über Ihren Besuch in Kärnten wissen wir leider nichts; keine Unterlagen oder Bilder verweisen auf den Besuch. Sicherlich hat sie eine glückliche Zeit mit ihrer Familie verbringen dürften, denn in dem knapp ein Jahr nach der Reise verfassten Brief betont sie, dass sie die ganze Zeit über an die Familie denke und es ihr so vorkomme, als sei sie erst letzte Woche zuhause gewesen.

---

[67] Heute befindet sich das Portal des Eurotunnels in unmittelbarer Nähe.

Holy Cross Convent,

Belmont,

Hereford

2th Decb 1927

Meine lieben Angehörigen!

Ein recht frohes, segensreiches, glückliches neues Jahr wünsche ich Euch allen.

Möge der liebe Gott Euch seinen reichsten Segen spenden. Wenn mein Brief auch ein wenig spät ankommt, so dürft Ihr versichert sein, daß ich Euch am rechten Ort nicht vergeßen habe. Vor einem Jahr habe ich mich aufs heimgehen gefreut und jetzt ist schon wieder ein neues Jahr, wie schnell die Zeit vergeht. Wie geht es Euch allen? Ich hoffe, Ihr seid alle gesund, besonders die liebe Tante? Es kommt mir so vor, als sei ich erst letzte Woche bei Euch gewesen. In meinen Gedanken verbringe ich die ganze Zeit bei Euch.

Sei so gut und gib beiliegende Karte an bestimmte Adreße ab.

Viele Grüße auch an alle Bekannten. Nun nochmals meine besten Wünsche und mit lieben herzlichen Grüßen verbleibe ich Eure

Sr. Cuthberta

3.7   Siebter Brief (1938)

Über zehn Jahre sind seit dem letzten Brief vergangen; leider sind aus den Jahren zwischen 1927 und 1938 keine weiteren Schriftstücke mehr vorhanden. Inzwischen steht der Beginn des Zweiten Weltkrieges bevor, bereits in einem Jahr wird es den beiden Schwestern nicht mehr möglich sein, einander zu schreiben. Am 12. März 1938 sind Hitlers Truppen in Österreich einmarschiert, wo in Linz (Oberösterreich) der Anschluss an das Deutsche Reich verkündet wird. Menschenaufläufe am Straßenrand jubeln frenetisch, während Juden, Kommunisten und Monarchisten von der Gestapo verhaftet werden.

Aber noch sind Mariannes Tage weitgehend sorgenfrei – sie darf mit ihren Schützlingen einen unbeschwerten Sommer auf der Isle of Wight im Süden Englands verbringen. Ihr scheint der Aufenthalt auf der Insel sehr gut zu tun, sie genießt den Blick aufs Meer und die viele freie Zeit: ein seltener Luxus, den sie gerne mit ihrer Schwester in der Heimat teilen würde.

Mariannes Schreibstil zeigt deutlich, dass sie es nicht mehr gewohnt ist, in deutscher Sprache zu kommunizieren; mittlerweile ist ihr das Englische geläufiger. So schleichen sich kleinere Rechtschreibfehler in den Text, manche Artikel sind falsch gewählt; Ausdrucksweise und Satzbau folgen der englischen Sprache. Marianne ist, trotz österreichischem Pass, Engländerin geworden –

sie hat in ihrer Wahlheimat Wurzeln geschlagen. Bereits im Jahr 1930 ist sie in den Süden Englands zurückgekehrt, wo sie zunächst in „The Grange" mitarbeitet, einer Haushaltungsschule in Gerrards Cross nahe London mit mehreren hundert Schülerinnen. Diese Beschäftigung ist für die Schwestern nichts Ungewöhnliches; Unterricht und Erziehung von Mädchen waren bei der Ordensgründung Zielsetzung und sind damit Hauptaufgabe der Lehrschwestern. Marianne liegt die Ausbildung von Mädchen nach wie vor am Herzen: In dem Brief erwähnt sie eine befreundete Familie in Kärnten, zu der sie den Kontakt hält, damit sie „nicht mit der Tür ins Haus falle", falls es ihr einmal möglich sein sollte, eine der Töchter in „The Grange" unterzubringen. Seit 1936 arbeitet Marianne in der Aldridge Housecraft School in Woking, einer von den Schwestern vom Heiligen Kreuz geführten Haushaltungsschule 40 Kilometer von Gerrards Cross entfernt.

Allerdings ist nicht der Unterricht, sondern das Kochen Mariannes Passion: Die Küche ist ihr Reich, hier ist sie in ihrem Element – der Brief lässt den Leser ihren Eifer und vor allem ihre Begeisterung für die neuen praktischen Gerätschaften spüren.

Sister Kay, heute die älteste Schwester in Gerrards Cross, erinnert sich an Marianne, die sie als junge Novizin während verschiedener Besuche in Woking kennenlernen durfte: Marianne ist eine fabelhafte Köchin und bereits lange im Voraus freut man sich auf die von ihr zubereiteten Mahlzeiten und besonders die Kekse, die an Festtagen serviert werden. Einmal zaubert sie sogar eine Torte in Form eines Pianos. Sister Kay betont außerdem Mariannes in sich ruhende Persönlichkeit und eine ihr innewohnende Autorität, die ihr den Respekt ihrer Schülerinnen einbringt: Dafür benötigt sie weder laute Worte noch übertriebene Strenge. Man merkte es ihr an, so Sister Kay, dass sie ihren Beruf geliebt hat. Ihre abschließenden Worte lauten: "You should be proud of her!" – "Sei stolz auf sie!"

Doch Marianne graut es vor den anstehenden Kochkursen im neuen Schuljahr. Die jungen Mädchen sind wohl weniger Hilfe als viel mehr Hindernis, wenn sie der rührigen Marianne in der Küche im Weg stehen. Mariannes Verdikt klingt wenig nachsichtig: „Gar kein Verständnis" hätten diese fürs Haushalten, erst recht nicht fürs Kochen. Eine geduldige und sanfte Lehrerin ist sie sicherlich nicht. Begeistert berichtet Marianne dagegen von einem „Eisschrank", der – Elektrik sei Dank – wunderbarerweise Eis produziert. Ebenso haben es ihr die damals modernen AGA-Herde[68] angetan, schon in früheren Briefen hat sie wohl von dieser neuen Erfindung geschwärmt. Sie weist die Schwester eigens auf Herd und Eisschrank in den beilegten Fotos hin. In einem Prospekt der Aldridge School, in dem die von Marianne beschrie-

---

[68] Der AGA-Herd wurde 1929 von dem schwedischen Nobelpreisträger Gustaf Dalén entwickelt. Mit einem Energieverbrauch von nur acht Pfund Kohle pro Tag stand er außer Konkurrenz und war vor allem in England beliebt.

benen Bilder der Küche veröffentlicht sind, werden die Annehm-
lichkeiten von Elektrizität und der verwendeten Haushaltsgeräte
in den höchsten Tönen gelobt:

> *Electricity is becoming so increasingly popular*
> *in the home that it is well for students of house-*
> *craft to know how to use it. [...] Of course, THE*
> *room of the house, bearing in mind the purpose*
> *of ALDRIDGE, is the kitchen. Exceptional care*
> *was taken in the selection and fitting of the most*
> *practical domestic appliances [...]. The kitchen is*
> *therefore equipped, in addition to electric and*
> *gas cookers, with one oft he famous Aga cooking*
> *ranges [...]. The Sister-Chef in charge has had*
> *Continental as well as British experience, thus*
> *ensuring a desirable variety in diet. Moreover,*
> *and this is a point of much importance, the Chef*
> *has been trained ot impart her skill in such a*
> *manner as to hold the interest of her pupils.*[69]

Darüber hinaus kommt in dem Abschnitt auch Mariannes
Rolle als "Sister-Chef in charge" zur Sprache: Ausdrücklich wird
erwähnt, dass sie sowohl in kontinentaler als auch britischer Küche ausgebildet ist und sie dank spezieller Schulungen ihr Wissen

---

[69] Aldridge Housecraft School Woking, Surrey. Illustrated Souvenir, The
British Publishing Company Ltd. (Hrsg.), Gloucester (1938), S.14f.

auf eine Art und Weise vermitteln kann, die das Interesse der Schüler weckt.

In ihrem Brief denkt die aufmerksame Marianne auch an Cousin Pepi: Er ist ein leidenschaftlicher Sammler von Postkarten, die er fein säuberlich in Alben einklebt. Marianne muss wohl das Versprechen gegeben haben, ihn aus England mit weiteren Motiven zu versorgen. Pepi scheint ein rechter Charmeur gewesen zu sein: So haben auch verschiedene Wiener Damen seiner Sammelleidenschaft Rechnung getragen und ihn mit allerlei Liebesbekundungen samt entsprechender Kartenmotive bedacht. Seine Kollektion ist heute noch erhalten.

Um was genau es sich bei der schlechten Nachricht, die gleich zu Anfang des Briefes erwähnt wird, handelt, ist leider nicht mehr herauszufinden.

Sehr charmant liest sich dagegen der trickreiche Aufwand, mit dem Marianne der Schwester abgelegte Kleider einer ihrer Schülerinnen an die Schwester in der Heimat schickt. Sie möchte Rosl eine Freude machen, steht aber im Konflikt mit der Oberin, die eine solche Aktion eventuell nicht gutheißen würde. Sie fackelt nicht lange und sendet das „Packerl" nach Rücksprache mit ihrer Vorsteherin ab – allerdings ohne eine zusätzliche Erlaubnis bei der Oberin dafür einzuholen. „Wer lange fragt, geht lange irr" mag sich die patente Marianne gedacht haben, allerdings ergreift sie doch noch eine Vorsichtsmaßnahme: Die Schwester soll im Antwortbrief auf keinen Fall auf die Kleiderspende eingehen; ein Satz wird vereinbart, der Marianne zeigen soll, dass alle Gaben gut angekommen sind. Dieser Umstand zeigt auf, dass die Schwestern ihre Briefe erst nach vorheriger Prüfung erhalten. Ein schlechtes Gewissen scheint Marianne dabei nicht bekommen zu haben. Letztlich ist die Kleidung auch für einen guten Zweck: Als alleinstehende Mutter, die mit ihren beiden Mädchen auf dem Hof der Stiefeltern lebt, muss Rosl bei Feldarbeit und in der Gerberei hart mit anpacken, um sich ihren Lebensunterhalt zu verdienen. Nicht umsonst würde Marianne ihr gerne eine Woche ihrer Zeit schenken, damit diese sich einmal richtig erholen kann. Rosl wird mit Sicherheit kaum die Möglichkeiten gehabt haben, sich neu einzukleiden oder ähnlichen Vergnügungen nachzugehen. Das Verbot der Tante, den Kindsvater zu heiraten, mag darin begründet sein, Rosl als billige Arbeitskraft nicht verlieren zu wollen. Warum sie letztlich trotz Volljährigkeit zuhause bleibt, weiß niemand – vielleicht sind die Zukunftsperspektiven mit einem mittellosen Ehemann, der noch weitere uneheliche Kinder zu versorgen hat, auch nicht erfreulicher ...

Am Ende des Briefes stellt Marianne die rhetorische Frage, wann der liebe Gott wohl eine Änderung machen werde, das Warten werde ihr lang. Ob sie auf die Erlaubnis, ein zweites Mal in die Heimat reisen zu dürfen, hofft? Elf Jahre ist es her, seit sie ihre Schwester das letzte Mal gesehen hat; sie wird öfter unter der

Trennung gelitten und sich ein Wiedersehen sehnlichst ge-
wünscht haben. So bittet sie auch im Nachsatz einmal mehr um
Nachrichten aus der Heimat; Rosl scheint zum Leidwesen Mariannes auch in späteren Jahren keine passionierte Briefeschreibe-
rin mehr geworden zu sein.

Der im Brief erwähnte Enzian, den Marianne auf der Isle of
Wight gesammelt hat, ist noch immer gut erhalten – fein säuberlich gepresst und getrocknet wurde er über all die Jahre hinweg
sorgsam aufbewahrt.

The Knapp
Scavieno [Isle of Wight]
[September 1938]

Meine liebe Rosl,

Dein lieber Brief wurde mir ans Meer nachgesandt und wie leid thut es mir, daß Du mir keine bessere Nachricht geben konntest.

Ich bin seit dem 2. August hier mit noch einer Schwester, wir haben 1 Haus für 6 Wochen gemietet als Ferienheim für Zöglinge, welche nicht heim gehen können während den Ferien. Es ist wunderschön, das Meer ist gerade vor dem Haus, wie Du es auf der Karte siehst. Gerade jetzt als ich Dir schreibe ist es fast wie dunkelblauer Sammet, auf welchem viele kleine und große Schiffe sich tummeln. Viele Kinder sind am Baden und andere spielen am Meeresstrand. Liebe Rosl, wenn ich Dir nur eine Woche von meiner Zeit geben könnte, wie würde Dir das gut thun. Ich besorge hier die Küche, aber habe sehr wenig zu thun; wir sind nie mehr als 19 Personen und ich habe noch extra Hilfe zum Abwaschen und muß nur das Kochen besorgen. Von der Küchenthüre aus sehe ich das Meer vor mir. Die Schwester, welche für die Vorsteherin zugegen ist, ist sehr lieb und gut mit mir. Ich habe recht schönen Enzian gesammelt. Nächsten Dienstag, 13. September,

gehen wir wieder heim und ich werde wieder mehr als genug zu
thun haben. Wir haben jetzt Kochkurse in der Küche und das gibt
mehr Arbeit, als wenn man die Küche selber machen kann. Viele
Mädchen haben auch gar kein Verständnis fürs Hauswesen und
fürs Kochen schon gar nicht. Das Foto zeigt Dir ein wenig un-
deutlich die Hälfte unserer Küche.[70] *Die Aufnahme wurde ge-*
macht eine halbe Stunde vor dem Mittagessen, hinter mir steht
die Provinzial Oberin, die gerade in die Küche kam zur Auf-
nahme. Ich zeige einem Lehrfräulein wie man Butterteig macht,
2 andere sind am Salat richten und die zweite Köchin ist am
Fleisch abbraten[71]*. Das sind die Herde von denen ich Dir*
schreibe. Der Schrank hinter dem Mädchen ist ein Eisschrank,
wo die Elektrizität das Eis erzeugt. Nächste Woche haben wir
Profeß, das heißt einige Schwestern bekommen ihr Kleid am Al-
tar, vorher machen sie 8 Tage Exerzitien. Dieses Jahr gibt ein Bi-
schof die Vorträge und das gibt viel extra Arbeit in der Küche,
aber jetzt bin ich wieder fest und stark und kann schon wieder
etwas leisten. Letzten Juli hatten wir neun Kochkurse im Kloster
hier. Man macht und schafft bis alles fertig war, aber wenn man
den Leuten glauben darf, war es von gutem Erfolg und es hat ei-
nige neue Schülerinnen für die Küche gebracht.

---

[70] Ebd.
[71] Kärntnerisch für „anbraten".

So, jetzt liebe Rosl habe ich genug von mir geplaudert. Nun etwas für Dich: Ich habe dem Pepi Fotos von London gesandt und eine Ansichtskarte von hier. Die Fotos erhielt ich von einem Fräulein[72] und war so froh, mein Versprechen nach 4 Jahren endlich erfüllen zu können.[73] Die Vorsteherin hat mir gerade gesagt, einige von den Fräuleins wollen ein paar Kleider abgeben, was sie damit thun sollen und ich bat sie, ob ich sie Dir schicken darf und sie sagte ja gerne. So liebe Rosl wirst Du in den nächsten Tagen ein Packerl erhalten, ich hoffe, Du kannst die Sachen gut verwenden, nur danken darfst Du mir nicht dafür, weil ich wieder zurück nach Gerrards Cross gehe und die Oberin dort es vielleicht nicht gerne hätte, wenn ich sie nicht um die Kleider gebittet hätte. Wenn Du mir einmal schreibst, so schreibe mir <u>Du hättest meinen Brief vom Meer empfangen,</u> dann weiß ich, daß Du das Paket auch erhalten hast. Solltest Du einmal etwas aus der Schweiz erhalten, dann ist es von einer Schwester, welcher ich in ihren jungen Jahren manches Gute getan habe und sie jetzt, wo es ihr möglich ist, auch mir eine Freude machen will, indem sie Dir etwas schicken wird. Ich habe auch an Frau Ponganzer geschrieben während meines Aufenthaltes hier, damit, wenn es einmal möglich wäre, eines von den Mädchen dorthin zu thun, ich nicht gerade mit der Tür ins Haus falle. Frau Ponganzer schreibt auch

---

[72] Mit der Anrede „Fräulein" ist eine Schülerin gemeint.

[73] Marianne muss Cousin Pepi das Versprechen gegeben haben, ihn aus England mit weiteren Motiven zu versorgen. Seine umfangreiche Kartenkollektion ist heute noch erhalten.

mir von Zeit zu Zeit. Wann wird der liebe Gott einmal eine Änderung machen? Sein Wille geschehe und am End wird es gewiß recht herauskommen, mir will es manches Mal nur gar lang scheinen das Warten. Liebe Rosl, auch viele Grüße an alle besonders aber an Dich

von Deiner Schwester

Sr. Cuthberta

Ich weiß ja wohl, daß Du wenig Zeit zum Schreiben hast, mir würden hie und da einmal ein paar Zeilen genügen.

Photo—Keith Dannatt, F.R.P.S., Woking *Copyright*

PIONEER ALDRIDGE STUDENTS, 1937

Marianne (ganz rechts) zusammen mit ihren Schülerinnen. +++ Bildanzeige für den berühmten AGA-Herd in dem Prospekt über die Aldridge Housecraft School.

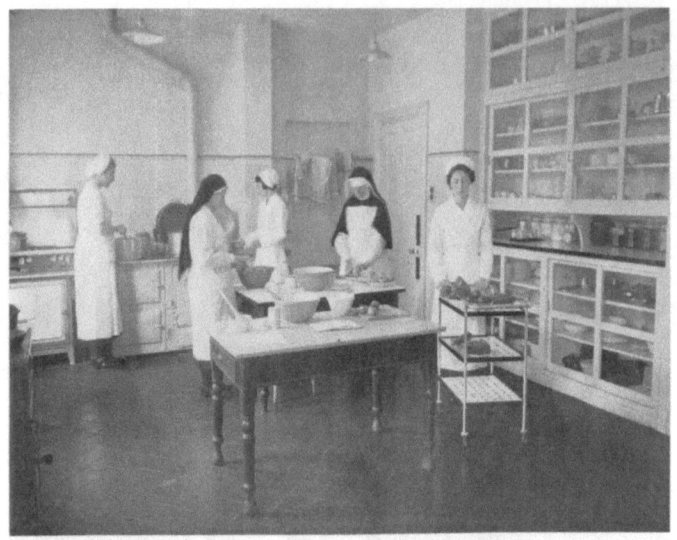

THE KITCHEN

Aldridge Housecraft School Students gain experience in English and Continental cooking under the direction of one of the Sisters who is accustomed to cater for large and small parties. In each case students are taught to cater with definite ideas as to cost.

THE KITCHEN

Bilder, die jenem im Brief beschriebenen ähneln: Marianne (in schwarzem Habit) beim Kochunterricht mit ihren Schülerinnen.

3.8 Achter Brief (1939)

Am frühen Morgen des 1. September 1939 marschiert die deutsche Wehrmacht auf Befehl Hitlers in Polen ein – ohne vorher eine Kriegserklärung abgegeben zu haben. Als Reaktion erklären das Vereinigte Königreich und Frankreich Deutschland am 3. September 1939 den Krieg. Es folgen sechs lange Jahre, in denen zwischen den verfeindeten Kriegsparteien kein Kontakt möglich ist; Briefe nach Österreich können höchstens geschmuggelt, nicht aber auf offiziellem Postweg gesendet werden. So ist dies auch der letzte von Marianne direkt gesendete Brief in die Heimat. Sie hat während des Krieges keine Möglichkeit, mit ihren Lieben in der Heimat zu kommunizieren; alleine das Radio hilft ihr dabei, sich weiterhin mit Österreich und dessen Schicksal verbunden zu fühlen.

Ein letztes Mal schreibt Marianne am 23. April 1939 an ihre Schwester Rosl. Im Jahr 1946 stirbt Marianne – ob sie nach Kriegsende die Gelegenheit bekommen hat, noch einmal mit der Schwester zu kommunizieren, ist ungewiss. Alle weiteren Briefe in die Heimat sind von Mitschwestern Mariannes verfasst.

Ihre Worte in dem Brief an ihre „liebe Rosl" wirken nach, sie drücken Hoffnung auf ein Wiedersehen aus, aber auch Traurigkeit angesichts der Möglichkeit eines Krieges. Marianne hofft auf Frieden und auf die Großmütigkeit von „Herrn Hitler". Zu dem erträumten Wiedersehen kommt es nicht mehr: Mariannes Hoffnung, in einem Jahr in die Schweiz zu reisen und dann auch die Schwester wiederzusehen, wird durch den Krieg zunichtegemacht.

Die Schwestern bereiten sich auf den Ernstfall vor: Sie besuchen Erste-Hilfe-Kurse, verteilen Gasmasken und richten Luftschutzkeller ein. Eindringlich beschreibt Marianne die Kriegsvorbereitungen, wozu auch das Anlegen von Vorräten zählt. Staunend schreibt sie, wie unglaublich es sei, was es mittlerweile alles in Konserven gebe. Außerdem werden Gemüse getrocknet und Eier in Kalk[74] eingelegt.

Die Arbeit in der Küche gefällt Marianne weiterhin, allerdings klagt sie über ihre Müdigkeit, die sie besonders in den Füßen spüre. Ansonsten, so schreibt sie zuversichtlich, sei sie gesund und fühle ihre 54 Jahre gar nicht sehr. Dagegen klingen ihre Worte anlässlich des Todestages der Mutter schmerzlich, fast schon bitter.

Mariannes Stiefmutter und Tante ist bereits 1935 verstorben, daher vielleicht auch die neugierige Frage an die Schwester: „Hast

---

[74] In Wasser eingelegt verhindert der beigemischte Kalk das Eindringen von Luft und Bakterien durch die Eierschale und damit das Faulen des Eies. Leider funktioniert diese Methode nicht ohne Qualitätsverluste: Der Geschmack der Eier lässt doch zu wünschen übrig.

Du Dich nicht entschlossen Franz zu heiraten?" Rosl oder der Vater ihrer Kinder haben sich mittlerweile anderweitig orientiert – bei einer Wartezeit von über 30 Jahren ist das wohl keinem der beiden zu verübeln. Immerhin ist Mariannes "kleine Schwester " mittlerweile selbst 51 Jahre alt. Eine Heirat kommt nicht mehr zustande.

Am 8. Mai 1945 endet der Zweite Weltkrieg. Neben Russland und Frankreich ist Großbritannien eine der Siegermächte; trotzdem hält die Rationierung von Lebensmitteln weiterhin an. Doch sind Freude und Erleichterung ob der neuen Friedenszeit in der Bevölkerung spürbar.

Meine liebe Rosl,

besten Dank für deine Karte. Wie geht es Dir? Ich bin oft in Gedanken bei dir und möchte wohl manches fragen. Ich habe Dir nicht vorher geschrieben, weil wir hier allerlei Änderungen hatten. Die Oberin, mit der ich 30 Jahre gearbeitet habe, ist in den Ruhestand getreten und wird in einigen Tagen in die Schweiz verreisen, es kostet sie, alle ihre Arbeiten und Plünn[75] zu verlassen. Seit Anfang April ist unsere Generaloberin in England und es hat viele Änderungen und Wechsel gegeben. Ich bleibe vorläufig wo ich bin; nächstes Jahr hoffe ich in die Schweiz zu gehen und dann gibt es vielleicht ein Wiedersehen. Natürlich, 1 Jahr ist lang und gar vieles kann sich ändern. Die Zukunft sieht nicht sehr rosig aus, ich hoffe, Herr Hitler wird sich großmütig zeigen. Die ganze Welt hofft wartend auf sein Wort. Wir im Kloster wissen und verstehen wohl die politische Lage nicht, mir ist es auch für

---

[75] Altertümlicher Ausdruck für „Dinge".

uns von großem Werte Friede im Lande zu haben. Wie viel Unglück würde der Krieg wieder bringen und wie wenig würde es auch dem Sieger helfen. Denn alles muß doch mit Blut erkämpft werden. Gebe Gott, das Frieden im Land kommt und bleibt. Unser Haus ist außer der Gefahrenzone und so wurde unsere Oberin angefragt, die Kinder von London anzunehmen im Falle eines Krieges. Eine große Hütte wurde umgebaut, die als Schlaf und Speisezimmer dienen soll, überall ist man beschäftigt für den Krieg vorzusorgen. Es ist ganz unglaublich, was man alles in Blechdosen kaufen kann und die Regierung wünscht, dass man Vorräte von Konserven einkauft. Auch haben wir Fleisch, Fisch, Früchte und allerlei Gemüse in Dosen und auch getrocknete Gemüse und viele Eier in Kalk eingelegt. Alles das gibt Arbeit. Zur Zeit bin ich allein in Küche und Haus, und auch in den Kochstunden gibt es immer genug zuthun. Wir haben nächstes Schulvierte das Haus fast voll. Gott sei Dank auch wieder neue Tagesschülerinnen. Mir gefällt meine Arbeit, obwohl ich oft recht müde bin, besonders meine Füße, wir haben leider Steinboden in der Küche und Bügelzimmer. Sonst bin ich gesund und stark und fühle meine 54 Jahre gar nicht sehr.

Morgen ist unserer Mutter Sterbetag, Gott gib Ihr die ewige Ruhe. Sie hat nicht viel versäumt, nur wir haben viel durch ihr frühes Sterben verloren.

Wie geht es dem Onkel und Pepi und ganz besonders Dir und Deinen Kindern? Hast Du Dich nicht entschlossen Franz zu heiraten? Wenn Du einmal Zeit hast, schreib mir ein paar Zeilen. Von hier kann ich halt auch nicht viel schreiben, weil Du die Verhältnisse und Leute nicht kennst. Wir sind nur 4 Schwestern hier, ich lege Dir ein kleines Bild bei, mit + Bezeichnete ist meine Oberin, sehr lieb und gütig, viel jünger als ich. Von 6 – 7 Uhr bin ich oft in lieb Österreich, das Radio macht es möglich. Meine besten Wünsche Dir und Pepi zum Geburtstag und Namenstag und auch dem guten Onkel alles Gute, ich vergesse die Tage nicht. Mit herzlichem Gruß und behüt Euch der liebe Gott alle

Eure treue Sr. Cuthberta

ALDRIDGE HOUSECRAFT SCHOOL, WOKING, SURREY

Beyond the wall at the right is an extensive vegetable garden and orchard where the
School cultivates its greengrocery requirements, on the left is an attractive shrubbery

*Aldridge Housecraft School in Woking: Hinter dem rechten
Dachfenster liegt Mariannes Zimmer. +++ Marianne und ihre
junge Oberin. +++ Schuluniformen für die Holy Cross Convent
School (Aldridge Housecraft School).*

'OFF DUTY' IN STUDENTS' COMMON ROOM
The Windows look out on to a spacious lawn and flower garden

Vier Damen, zwei Bilder, ein Tisch: Der kleine Bei-
stelltisch im Prospekt der Aldridge Housecraft School
befindet sich heute im Konvent in Chalfont St. Peter.

3.9 Neunter Brief (1946)

Dieser Brief stammt von Schwester Huberta, einer Ordenskollegin von Marianne. Anlass des Schreibens ist ein Aufenthalt Hubertas in der Schweiz; sie bittet Mariannes Schwester und Cousin um Zusendung einiger „lieber Zeilen", die sie für Marianne nach England mitnehmen möchte. Auch eine kleine Überraschung hat sie parat: Sie wird Schweizer Schokolade per Post nach Österreich senden – eine feine Kleinigkeit, die sicherlich sehr gerne angenommen wurde.

Hubertas Liebesdienst lässt sich leicht erklären: Sie und Marianne arbeiten bereits seit 40 Jahren zusammen für die Schwestern vom Heiligen Kreuz und haben sich daher schon gekannt, als Marianne noch nicht in den Orden eingetreten war. Sehr charmant liest sich das flüssige Schreiben Hubertas, wobei es fast schon ein wenig lustig anmutet, wie oft sie das Wort „lieb" verwendet und als Attribut anhängt, wo auch immer es gerade passen mag.

Ein Paket, das mit einem englischen Offizier nach Kärnten gesendet wurde, ist dagegen nicht bei der Verwandtschaft angekommen. Auch war vorgesehen, dass Marianne im folgenden Jahr noch einmal in die alte Heimat reisen darf – ein wunderbarer Grund zur Vorfreude für Marianne, auch wenn sie diese Reise nicht mehr antreten wird.

Sr. Huberta Osterwalder

Institut Menzingen

Ct. Ing.

24. Mai 1946

Meine liebe Roserl und Peppy!

Sie werden sich erstaunen, ein Schreiben von mir zu erhalten. Ich habe nämlich das Glück gehabt in die liebe Schweiz zu kehren, um das liebe Mutterhaus zu besuchen. Ich schreibe Ihnen im Namen ihrer lieben Schwester Cuthberta aus England. Sie wird Euch so Gott will das nächste Jahr besuchen. Solltet Ihr die Zeit haben, so würde die liebe Schwester sehr froh sein, einige liebe Zeilen von Euch durch mich zu erhalten. Ihr müsst den Brief nur an die obige Adresse senden, dann werde ich Ihn mit nach England nehmen. Ihr würdet der lieben Schwester eine grosse Freude machen. Schwester Cuthberta und ich, Schwester Huberta, haben schon bereits 40 Jahre beisammen gearbeitet. Sie hat mir soeben auch schon sehr vieles erzählt von Ihrer lieben Schwester und von Peppy und den lieben Nichten. Ich werde noch ungefähr 4 Wochen in der Schweiz sein, so würde es Euch vielleicht möglich sein, einige liebe Zeilen der lieben Sr. Cuthberta durch mich zukommen zu lassen. Ihr müsst den Brief nur an die

obige Adresse senden. Ich werde Euch auch noch etwas Choco-
lade als Liebesgabe durch die Post zukommen lassen. Die liebe
Schwester freut sich jetzt schon ungemein Euch bald einmal zu
sehen. Habt Ihr die Pakete die sie Euch zugesendet hat, auch er-
halten? Sie hatte sie durch den englischen Offizier, der einmal bei
Euch mit einem Dolmetscher auf Besuch war, zugesandt. Aber
soweit ich weiss hat Sie noch nie eine Antwort erhalten; denn so-
bald die Schwester weiss, dass die Sachen ankommen, wird Sie
wieder etwas senden.

Also noch sehr viele liebe Grüsse an Euch alle.

Bald auf eine Antwort hoffend grüsst Euch Euere ergebene

Sr. Huberta

3.10 Zehnter Brief (1946)

Nur einen Monat später folgt ein weiterer Brief von Schwester
Huberta aus der Schweiz. Leider hat es nicht funktioniert, die be-
gehrte Schokolade an Mariannes Verwandtschaft in Kärnten zu
senden – sehr zum Erstaunen von Schwester Huberta ist es ihr
nicht gestattet, als Ordensschwester mit Wohnsitz in England
ohne Erlaubnis der Behörde in Bern ein „Päckli" bei der Post ab-
zusenden. Recht „kühl" sei sie samt Schokoladengabe wieder ab-
gewiesen worden. Leider sind wohl auch die letzten Sendungen
von Marianne nicht in der österreichischen Heimat angekommen;
sehr zum Leidwesen Schwester Hubertas. Ein Offizier, der die Familie in Österreich bereits besucht und Lederwaren aus der Heimat an Marianne überbracht hat, verspricht, die Pakete einem
Freund zuzustellen, der die Gaben persönlich abgeben soll. Dies
ist leider nie passiert - wer weiß, ob der liebe Freund den schmack-
haften Inhalt lieber selbst verspeist hat? Verständlich angesichts
der prekären Nachkriegssituation. Lebensmittel sind knapp, wer
könnte da ganz selbstlos zweieinhalb Kilo Schokolade und Dosenfleisch widerstehen? Dafür ist das an Marianne überbrachte Leder
aus der heimischen Gerberei gut angekommen: Über das daraus
gefertigte Paar Schuhe scheint sie sich sehr gefreut zu haben.

Einen ungewohnten Einblick in die Lage während des Krieges
gibt auch eine Fotografie von Marianne, die Schwester Huberta

mit Erklärung beilegt: Marianne trägt einen Schleier, der nicht gestärkt werden muss, denn Stärke war zu Kriegszeiten Mangelware; zudem wird dadurch das Anziehen der Gasmaske im Notfall erleichtert. Leider existiert diese Fotografie nicht mehr; dafür aber zwei andere Bilder, die Marianne alleine und mit drei Mitschwestern im Garten der Haushaltungsschule in Woking zeigen.

Es ist das letzte Schreiben zu Lebzeiten Mariannes; im abschließenden Brief kann Schwester Huberta den Lieben zuhause nur noch von Mariannes Sterben berichten.

Liebes Roserl und Peppy und Kinder!

Mit grosser Freude habe ich den lieben Brief von Euch erhalten. Wie Ihr aus meinem Schreiben vernommen habt, wollte ich Euch noch etwas Chocolade schicken. Als ich mit dem Päckli auf die Post ginge, sagte man mir ganz kühl, dass es nicht erlaubt sei, ohne dass ich mir Erlaubnis von Bern einhole, und das kann ich leider als Schwester nicht tun. Es war mir sehr leid zu hören, dass Ihr noch nie ein Paket von lieb Schwester Cuthberta erhalten habt. Ich bin Zeuge, dass die liebe Schwester zwei Pakete abgesandt hatte, jedes wog 2 ½ Kilo. Im ersten waren Chocolad Bonbons und Dosenfleisch und Dosenfische. Im zweiten Paket nur Seife aller Art. Wir haben es durch den Offizier, der bei Ihnen zweimal auf Besuch war, geschickt. Er hatte es zu einem seiner Freunde gesandt, und dieser hat es ihm teuer versprochen, dass er es selbst hinbringen werde, was aber damit geschehen ist weiss ich halt eben nicht. Ich werde Ihren lieben Brief diese Woche noch absenden, dass im Fall die Schwester [Marianne, Anm.] mir noch schreiben wollte, ich es noch hier in der Schweiz erhalten würde. Sie können auch mir hieher wieder schreiben, und

*sollte ich nicht mehr hier sein, wird der Brief mir sofort nachge-
sandt. Das Leder, das der Offizier mitgebacht, hatte die liebe
Schwester richtig erhalten, und die Schuhe sind schon gemacht
worden davon. Sie hatte sehr grosse Freude daran. Ich lege Euch
noch eine ganz kleine Photographie bei von lieb Sr. Cuthberta.
Wir haben nämlich während des Krieges einen andern Schleier
tragen müssen, wegen Mangel an Stärke und damit wir besser
die Gasmaske anziehen könnten, wenn es notwendig wäre. So
bitte ich und kann Euch nichts anderes raten als habet grosses
Gottvertrauen. Ein Jahr ist bald vorbei und dann kommt die liebe
Schwester selber Euch besuchen. Sie freut sich jetzt schon sehr
darauf. Leget alles in göttliche Vorsehung Gottes und alles wird
schon recht heraus kommen.*

*Wenn Ihr der lieben Schwester einmal schreiben wollt, so bitte
sendet den Brief ans Institut Menzingen, Ct Zug Schweiz per.
Addr. Sr. Cuthberta, England.*

*Ich kann Euch versichern, dass der Brief Ihr sofort zugesandt
wird.*

*Also nochmals viele liebe Grüsse an Euch alle sende ich Euch,
Eure ergebene*

Sr. Huberta

Letzte Bilder von Marianne im Garten des Konvents. +++ Unten rechts:
Marianne während des Krieges mit einfachem Schleier.

Marianne in ihrem geliebten Garten.

3.11 Elfter Brief (1946)

Ein letztes Mal kommt Post aus England – wieder von Schwester Huberta. Detailliert, fast schon minutiös beschreibt sie den Hergang von Mariannes Tod und Begräbnis. Bereits seit längerer Zeit ist Marianne nicht mehr gesund; Todesursache ist vermutlich ein Herzleiden, das sie schon seit einigen Jahren begleitet. Eine Blinddarmoperation im Jahr zuvor hat sie zusätzlich geschwächt. Marianne darf aber noch miterleben, wie sich England nach dem Krieg nach und nach reformiert und eine umfassende Sozialversicherungsgesetzgebung sowie ein staatlicher Gesundheitsdienst eingeführt werden. Ein großer gesellschaftlicher und sozialer Fortschritt, über den sie sich bestimmt gefreut haben mag.

Folgt man dem Brief Schwester Hubertas, so haben eine große Anzahl an Menschen von ihr Abschied genommen; nicht alleine Schwestern und Gemeindemitglieder: Marianne hat auch bei den "Ungläubigen" einen starken Eindruck hinterlassen, die ihr bei dem Begräbnis die letzte Ehre erweisen. Noch heute findet sich auf dem kleinen Friedhof der Schwestern in Chalfont St Peter bei Gerrards Cross das Kreuz mit Namen und Lebendsdaten.

Für Marianne stimmt der Leitspruch: "Ich habe gelebt, ich habe geliebt, nun bin ich heimgegangen."[76] Folgt man dem festen Glauben der Menzinger Schwestern, ist sie im Himmel mit Ihren Liebsten, vor allem der geliebten Schwester, wiedervereint. Von dort oben schaut sie zu und freut sich darüber, dass eine Nachfahrin so viel Interesse an ihr zeigt – so die Überzeugung der Schwestern in der Schweiz und in England. Ich möchte mich diesem Glauben anschließen und wünsche mir, dass ich mit diesen Zeilen nicht nur meiner Familie, den lieben Schwestern und dem ein oder anderen Leser eine Freude bereiten konnte, sondern vielleicht auch meiner Urgroßtante Schwester Cuthberta.

---

[76] Inschrift auf dem Grabstein meines Vaters Alfred Gerhardt. Den Spruch hatte er sich während seiner langen Krankheit erdacht.

Holy Cross Convent

Heathside Road

Aldridge House

Woking

Surrey

12. November 1946

Innigstgeliebte Roserl!

Endlich komme ich dazu, um Ihnen und Ihren Lieben Peppy und Kindern, etwas näheres von unserer lieben, teuren und guten Sr. Cuthberta seelig zu berichten. Wie Sie liebe Roserl ja schon wussten, hatte die liebe Verstorbene Mitschwester schon jahrelang ein Herzleiden. Oft musste Sie ruhen im Auftrag unserer lieben Doctorin, die Sie unter Ihren besondern Schutz nahm. Es war für die liebe Verstorbene besorgt, wie Sie nirgendwo bessere Pflege und Ruhe haben konnte als bei uns in Woking. Nur wenn wir Messe in der Hauskapelle hatten, durfte Sie auch der heiligen Messe beiwohnen. An den anderen Tagen ruhte Sie immer länger aus und man brachte Ihr das Frühstück ins Zimmer. Zwei bis drei Tage vor Ihrem Tode war Sie noch so tätig und beschäftigt im Haus und Hof, dass es einem geradezu auffiel; aber desungeachtet dachte man nichts weiteres. Am 8. November war Sie noch tätig bis Sie zur Ruhe ging; heiter und fröhlich. Am Samstag

*Morgen stand sie immer später auf. Und als das Frühstück hin-
auf getragen wurde wie gewöhnlich, konnte unsere liebe „Magd
Dora" keine Antwort von Ihr hören. Sie stellte das Frühstück ab
und ging noch zweimal hinauf; hatte aber wieder keine Antwort.
So wartete Dora bis ich aus der Kirche zurück kam, um mir die
Nachricht zu geben. Ich eilte sofort hinauf, und ich rief Sie beim
Namen „Marianerl, Sr. Cuthberta", und zu meinem grössten
Schrecken sah ich zuerst, dass die liebe unvergessliche Schwester
Cuthberta im Schlafe gestorben ist. Die Hände krampfhaft auf
der Brust, Augen geschlossen, ruhte Sie so friedvoll ohne Kampf
in Ihren Kissen. Ich kann Ihnen den Schrecken nicht schildern,
den ich hatte. Denn die liebe Verstorbene und ich arbeiteten volle
40 Jahre miteinander. Ich kann es heute noch nicht fassen. Zu
Euerem Troste kann ich Euch sagen, wenn 10 Mägde die Arbeit
tun wollten, was lieb „Marieanerl" getan hat; es würde nicht reichen.*

*Ganz Woking trauert über unseren Verlust. Heilige Messen
werden gelesen für Sie überall. Kränze und Blumenspenden wurden gebracht. Am 11. November Abends wurde der Sarg in die
Kirche gebracht, wo Schulkinder auf die Ankunft des Sarges war-
teten. Am 12. Nov. morgens ¼ nach 9 Uhr war Requiemmesse
für die liebe Verstorbene. Ich kann Ihnen nur sagen, dass die Kirche voll war mit Kindern und Freunden und Schwestern.*

Juden, protestantische Leute, Ungläubige, alles was nur kom-
men konnte erwieß Ihr die letzte Ehre. Eine österreichische Fa-
milie kam extra von London mit Ihrem lieben Sohn, denn die liebe
Verstorbene hatte für die Familie und Kind gesorgt während des
Krieges. Der Sohn war Ministrant bei der Heiligen Messe. Nach
der Heiligen Messe gingen wir als Begleitung der Leiche zur Be-
erdigung nach Gerrards Cross. Das ist unser englisches Mutter-
haus, wo wir unseren eigenen Friedhof haben. Es braucht eine
ganze Stunde per Auto von Woking to Gerrards Cross. Wir hat-
ten 4 Autos gefüllt mit Schwestern, Priester, Freunden und Schul-
kindern. Als wir dort ankamen wurde der Sarg zuerst in die Ka-
pelle gebracht, wo Schwestern, Novizen und Kinder und Priester
das De Profundis und andere lateinische Psalmen sangen. Dann
wurde der Sarg begleitet von allen Lieben auf den Friedhof ge-
bracht, wo die liebe teuere unvergessliche Mitschwester jetzt aus-
ruht von allen Mühen und Sorgen. Möge Sie in Frieden ruhen.

Ich kann Euch jetzt sagen, dass Sie wirklich nie ganz glaubte,
dass Sie die lange Reise noch machen könnte nach Österreich;
denn oft sagte sie „wenn es Gottes heiliger Wille ist.“

Letzthin sagte Sie oft zu mir, dass Sie so viel an Roserl denken
müsse und auch viel von Ihr träume. Natürlich sollte Roserl vor
Ihr sterben, dann würde sie die grosse Reise nicht mehr unter-
nehmen.

Letztes Jahr gerade um diese Zeit hatte Sie noch eine Blinddarmoperation mitmachen müssen. Natürlich all das macht Einen nicht stärker. Von da an war Sie wirklich nicht mehr stark. Nur eine grosse Willenskraft hat Sie immer noch aufrecht erhalten. Briefe von allen Seiten kommen jetzt noch zum condolieren über unseren grossen Verlust. Der Priester und unsere Doctorin weinten am Bette der lieben Verstorbenen.

Ich bitte Euch, seid nicht traurig über den Verlust; denn Sie ist ganz glücklich. Ein so arbeitsames Leben, wie die Liebe Schwester gehabt und geleistet hat, kann nur mit Liebe und Dankbarkeit im Himmel belohnt werden. Wir alle vermissen die liebe Schwester unsagbar.

Möge der liebe Gott Ihr Alles vergelten.

Für heute genug. Bitte lasst mich wissen, ob Ihr ein Packet noch erhalten habt, das eine Wienerin mitnahm, als Sie am 23. October nach Wien reisste. Ich hoffe bald eine Antwort von Euch zu erwarten. Lege Euch noch 2 Bildchen bei, die Ende September abgenommen wurden. In Liebe und Gebet verbleibe ich Euere Euch in Jesu liebende ergebene

Sr. Huberta

Dem ausführlichen Brief von Schwester Huberta liegt folgendes Schreiben der Oberin bei:

Sehr geehrtes Fräulein!

Sister Huberta hat so einen ausführlichen Bericht über die letzten Tage geschrieben, daß ich nichts mehr beifügen muß. Die liebe Tote hat den Lohn eines sehr treuen Knechtes im Himmel erhalten und ist gewiss sehr glücklich. Sie hat die Ruhe die sie jetzt genießen kann redlich verdient.

R.I.P.

Ich hoffe, daß der Gedanke an Sister Cuthberta bei Einzug in den Himmel Sie trösten möge. Dort betet sie jetzt für uns alle.

Ihnen alles Gute wünschend bin ich Ihre in Jesu ergebene

Sister Theodora (Sister Superior).

✝

Of your Charity

Pray for the repose of the Soul of

Sister Cuthberta Turk

Who Died on 9th. November,
1946.

In the 39th year of her

Profession.

God is Charity

I AM THE RESURRECTION
AND THE LIFE.

Todeskärtchen für Marianne (Vorder- und Rückseite).

4 Das Ende

4.1 Nekrolog von Sr. Christina Klischowsky[77]

Sr. Cuthberta, Kärnten

† 9. November 1946

Marianne wurde 1884 in Paternion, Kärnten geboren. Mit vier Jahren verlor sie ihre Mutter und mit zwölf ihren Vater. Das Kind wurde von einem Onkel und einer Tante angenommen. Nachdem sie ein Jahr bei den Ursulinen in Innsbruck und ein Jahr in Wien zugebracht hatte, kam sie als Kandidatin nach Altötting und im Herbst 1905 nach Holy Cross, Wimbledon. 1907 machte sie ihr Noviziat in Menzingen. Nach einjähriger Tätigkeit im Waisenhaus Sarnen kehrte sie nach England zurück. Sie wurde dort mit Sr. Leontine die Bahnbrecherin unserer englischen Provinz. Ihre Arbeit im Haus, in Küche und Waschküche, in Nähzimmer und Garten wurde zur Prüfung ihres Berufes, denn das kleine Holy Cross war sehr arm und die Arbeit äußerst beschwerlich. Ihr Humor half ihr manchmal über die sehr primitiven Umstände hinweg.

Während des ersten Weltkrieges besorgte Sr. Cuthberta belgische Flüchtlinge in Cumberland Lodge, Raynes Park, wo sie sich

---

[77] Abgedruckt aus: Klischowsky: Nekrolog Sr. Cuthberta, S. 47f.

durch Güte, Mütterlichkeit und Selbstaufopferung auszeichnete. Erst gegen Ende erfuhren die Insassen, daß sie eine Österreicherin sei, und sie achteten sie um so mehr.

Von 1920 bis 1930 arbeitete sie unermüdlich in Holy Cross, Belmont, Hereford, zuerst im Haus, wo geputzt und gemalt wurde, und dann im vernachlässigten Grundstück, das sie zu einem schönen Park und Gemüsegarten umwandelte. Sie fand Zeit, Gottes Schönheit in der Natur zu bewundern und zu genießen. Dann kam sie in die Grange, Gerrards Cross, wo sie wiederum eine Umwandlung im Garten erreichte. Nebst diesen Pflichten fand sie Zeit zu Bienen- und Hühnerzucht. Sie war erfahren in der Tapezierarbeit, im Malen und in allerlei Reparaturen, aber vor allem war sie eine ausgezeichnete, erstklassige Köchin.

Trotz dieser vielseitigen Tätigkeit war sie treu in ihren religiösen Pflichten. Ihr Vergelt's Gott und God bless you (Gott segne Sie) erwärmte die Herzen derer, die ihr einen Dienst erwiesen. Da sie an sehr strenge Arbeit gewöhnt und stark und gesund war, zeigte sie hie und da eine gewisse Schroffheit in ihren Manieren gegenüber schwächeren Naturen. Wenn ihr dieser Fehler zum Bewußtsein kam, war niemand demütiger als sie im Bitten um Verzeihung und im Gutmachen.

Ihr nächstes Arbeitsfeld war New Malden, (zwei Jahre) und dann Wimbledon. Als 1936 eine Haushaltungsschule in Woking

eröffnet wurde, wurde sie dorthin berufen, wo ihr Organisations-
talent und ihre allseitige praktische Sachkenntnis mancher jungen
Tochter und auch älteren Damen (während des Krieges) zu großem Nutzen wurden. „Fragen sie Sr. Cuthberta", wurde sprich-
wörtlich in manchem Haushalt.

Während der Luftangriffe des Zweiten Weltkrieges, wenn die
Nerven bis aufs Äußerste angestrengt waren, bewahrte sie immer
die Geistesgegenwart und war trotz ihres Herzleidens immer die
erste beim Feuerwachen.

Hatte sie eine Vorahnung ihres Todes? Man möchte es meinen;
denn am Tage vorher hatte sie noch überall aufgeräumt und zeigte
rührende Dankbarkeit gegenüber einer Schwester, die ihr seit lan-
ger Zeit die Speise ins Zimmer brachte. Die Bestürzung der
Schwestern war groß, als sie nach ihrer Rückkehr von der Pfarr-
kirche erfuhren, daß Sr. Cuthberta während des Schlafes gestorben sei. Der Priester spendete ihr noch die letzte Ölung, da die
Ärztin erklärte, sie sei etwa zwei Stunden vorher gestorben.

Ihr Hingang läßt eine große Lücke zurück. Alle, Schwestern
und Auswärtige, sind einstimmig in ihrem Lob über Sr. Cuthber-
tas werktätige Nächstenliebe. Ein Salesianerpriester, der früher
im Garten in Belmont als Arbeiter tätig war, schrieb: „Ich schätze
wahrhaftig ein goldenes Herz, und das einzige Ziel ihres Lebens
schien, andere zu beglücken ... Ihr Arbeitsgeist, vereinigt mit Eifer

für die Sache Gottes, ihre Selbstaufopferung und Demut machten einen tiefen Eindruck auf mich und bewegten mich, mich dem Dienste des Herrn zu weihen." Gibt es ein besseres Lob für eine Ordensschwester?

Jetzt ruht unsere liebe Schwester neben Sr. M. Joseph im schönen Schwestern-Friedhof von Gerrards Cross. R. I. P.

Sr. Christina Klischowsky

4.2   Statt eines Nachworts

In dem Kästchen mit den gesammelten Schätzen von Marianne und Rosalia finden sich unter anderem verschiedene Heiligen-kärtchen und Gebete, oftmals mit persönlicher Widmung. Die schönsten Andenken sind hier aufgeführt; nach Möglichkeit in chronologischer Reihenfolge.

Besonderes Augenmerk zieht ein vergilbtes Heiligenbildchen der Heiligen Rose von Lima auf sich, wunderschön verziert mit zartem Spitzenrand und mit einer undatierten Widmung Marian-nes zum Namenstag Rosalias versehen. Deren Namenstag ist der 15. Juli, der Text des Heiligenbildchens in deutscher Sprache ver-fasst – es ist also anzunehmen, dass sie dieses aus der Schweiz ge-sendet hat. Eventuell stammt es aus dem Jahr 1908, allerdings un-terschreibt sie hier wieder mit „Marianna". Der Kartentext spie-gelt den tiefen und innigen Glauben Mariannes wider; auch ein Hinweis auf die Mutterliebe ist enthalten, ein Thema, das sie be-wusst oder unbewusst auch in anderen Gebeten aufgreift:

GEBET

Der H. Rosa

O Gott, Bräutigam meiner

Seele und Freude meines Herzens.

Ich wünsche Dich mit jener vollkommenen und

und aufrichtigen Liebe zu lieben, womit

Dich die Heiligen im Himmel lieben.

Ja, möchte ich Dich lieben können wie

Deine heiligste und meine beste Mutter

Dich geliebt hat. Möchte ich brennen

und verzehrt werden vom Feuer Deiner

göttlichen Liebe!

Liebe Schwester!

Nimm – dieses kleine Geschenk als Andenken von Deiner Dich liebenden Schwester zum heiligen Namensfest.

Mit herzlichen Glückwünschen und 1000 Grüßen

Marianna

Gruß zum 54. Geburtstag von einer Mitschwester Mariannes:

No power in Heaven

On earth or in hell

Can prevent me from

Becoming a <u>Saint</u>.

To dear Sr. Cuthberta

Feast-day-Greetings.

20. Nov. 1938

C.h.

Gruß zum 60. Geburtstag, vermutlich von derselben Schwester:

The Word was made Flesh

Blessed Angels! You my Jesus praise,

Flesh cannot reach your heavenly lays;

Yet since for me He deign'd,

Not you, to be arraign'd,

In love with you I'll strive to vie;

With all your might you love, and so will I

To dear Sr. Cuthberta.

With every best wish

For the

60th.

p. f.

Sr. Ch. [23. November 1944]

Wenn Du noch eine Mutter hast ...

Wenn Du noch eine Mutter hast

so danke Gott und sei zufrieden

nicht allen auf dem Erdenrund

ist dieses hohe Glück beschieden.

Sie ist dein Sein, sie ist Dein Werden

sie ist Dein allerhöchstes Gut

sie ist Dein größter Schatz auf Erden

der immer Dir nur Gutes tut.

Sie hat von ersten Tage an

für dich gelebt, in bangen Sorgen

sie brachte abends dich zur Ruh

und weckte küssend dich am Morgen.

Und warst du krank, sie pflegte dich

die dich in tiefem Schmerz geboren

und gaben alle dich schon auf

die Mutter gab dich nie verloren.

Wenn Du noch eine Mutter hast

dann sollst Du sie in Liebe pflegen

daß sie dereinst ihr müdes Haupt

in Frieden kann zur Ruhe legen.

Und hast Du keine Mutter mehr

und kannst du sie nicht mehr beglücken

so kannst du doch ihr frühes Grab

mit frischen Blumenkränzen schmücken.

Ein Muttergrab, ein heilig Grab

für Dich die ewig bleibende Stätte

oh wende Dich an diesen Ort

wenn dich umtobt des Lebens Wilde.

(Friedrich Wilhelm Kaulisch, 1827-1881)

5 Anhang

5.1 Zeitleiste

1884: Marianne wird am 23. November in Paternion (Kärnten) geboren.

1888: Geburt ihrer Schwester Rosalia am 5. April.

1890: Am 24. April stirbt Mariannes Mutter. Sie lebt fortan bei einer verwitweten Tante, die selbst keine Kinder hat. Rosalia wird von einer Schwester der Mutter und deren Familie in Paternion aufgenommen.

1896: Marianne empfängt am Weißen Sonntag die Erstkommunion.

1897: Tod der Tante. Marianne lebt daraufhin für ein Jahr als Internatsschülerin bei den Ursulinen in Klagenfurt.

1898: Marianne beendet bei den Ursulinen die Schule und kehrt nach Paternion zurück, wo sie nun gemeinsam mit ihrer Schwester bei Onkel und Tante lebt und arbeitet.

1902: Tod des Vaters und Aufenthalt in Klagenfurt; sie geht dort als Köchin in die Lehre. Anschließend arbeitet sie anderthalb Jahre lang für eine Familie in Wien. Nach einer Typhuserkrankung nimmt sie eine Stellung in Innsbruck an.

1906: Am 2. Februar wird Marianne Kandidatin im Provinzhaus der Schwestern vom Heiligen Kreuz in Altötting und reist im März zu der im Jahr 1902 gegründeten ersten Niederlassung der Menzinger Schwestern in Wimbledon.

1907: Beginn des einjährigen Noviziats im Schweizer Mutterhaus der Schwestern vom Heiligen Kreuz in Menzingen (Kanton Zug).

1908: Erste Profess und einjährige Tätigkeit im Waisenhaus Sarnen (Kanton Obwalden) bei Luzern.

1909: Endgültige Ausreise nach England; erster Aufenthaltsort Mariannes ist die Niederlassung der Menzinger Schwestern in Wimbledon (damals noch eine eigenständige Stadt in der Grafschaft Surrey).

1914: Marianne legt am 10. September die ewige Profess (Gelübde auf Lebenszeit) ab. Während des Ersten Weltkrieges (1914-1918) kümmern sich die Schwestern um belgische Flüchtlinge in der Cumberland Lodge in Raynes Park bei Wimbledon.

1921: Marianne ist im Holy Cross Convent im Belmont House in Hereford mit angeschlossenem Internat und Externat tätig. Die Schwestern haben dort einen englischen Landsitz für zehn Jahre gepachtet. Die ersten fünf englischen Schwestern legen die Profess ab.

1931: Marianne kehrt zurück in den Süden Englands und arbeitet dort in einem Internat und Externat mit mehreren hundert Schülerinnen, dem Holy Cross Convent „The Grange" in Gerrards Cross (Buckinghamshire).

1936: Nach weiteren Stationen in Wimbledon und New Malden, wo seit 1931 ein externer Kindergarten sowie eine Primar- und Sekundarschule bestehen, lebt und arbeitet Marianne in der 1935 gegründeten Aldridge Housecraft School in Woking (Surrey).

1946: Marianne stirbt am 9. November 1946 in Woking. Ihr Grab befindet sich auf dem Friedhof der Schwestern in Chalfont St Peter bei Gerrards Cross.

Nach ihrem Tod wird die Aldridge Housecraft School aufgegeben: Marianne ist als einzige Lehrerin für den Kochunterricht verantwortlich gewesen; ohne sie kann der Bereich „Housecraft Science" mangels Nachfolgerinnen nicht weiter fortgeführt werden.

5.3 Literatur

Aldridge Housecraft School Woking, Surrey. Illustrated Souvenir, The British Publishing Company Ltd. (Hrsg.), Gloucester (1938).

Altmann, Petra: Wie Mönche und Nonnen leben, Münsterschwarzach 2009.

Arles, Cäsarius von: Klosterregeln für Nonnen und Mönche. Hrsg. v. Ivo Auf der Maur, St. Ottilien 2008.

Binotto, Thomas: Durch alle Stürme. Bernarda Heimgartner – Ordensgründerin und Kämpferin für die Bildung der Frauen, Luzern 2003.

Brakelmann, Günter: Die soziale Frage des 19. Jahrhunderts, 7. Aufl., Bielefeld 1981.

Donhauser, Michael: Kritik des reinen Verlusts. Zu Adalbert Stifter. In: Text+Kritik. Zeitschrift für Literatur X (2003), S. 48-55.

Editions du Signe (Hrsg.): Schwestern vom Heiligen Kreuz, Strasbourg 1994.

Feldmann, Christian: Hildegard von Bingen. Nonne und Genie, Freiburg/Basel/Wien 2012.

Freud, Sigmund: Die Traumdeutung, Frankfurt am Main 1991.

Hamann, Brigitte: Kronprinz Rudolf. Ein Leben, aktual. Neuaufl., München 2006.

Hamann, Brigitte: Österreich. Ein historisches Portrait, München 2009.

Hug-Hellmuth, Hermine: Tagebuch eines halbwüchsigen Mädchens, 3. Aufl., Leipzig 1922.

Klischowsky, Sr. Christina: Nekrolog Sr. Cuthberta. In: Grüsse aus dem Mutterhaus, Nr. 65/Ostern 1948, S. 47f.

Lehnert, Pascalina: Ich durfte ihm dienen, Erinnerungen an Papst Pius XII., Würzburg 1986.

Mann, Golo: Deutsche Geschichte des 19. und 20. Jahrhunderts, Frankfurt/M. 1958.

Marktl, Martin: Zeitreise Kärnten. Ein Lesebuch zur Geschichte des Landes, Wien, Graz, Klagenfurt 2014.

Metzler, Rudolfina Sr.: Kreuzweg der Pflicht. Lebensbild von Mutter Bernarda Heimgartner, Freiburg/Schweiz 1949.

Muff, P. Cölestin: Mit ins Leben. Gedenkblätter und Gebete, den Töchtern des katholischen Volkes als Begleiter durch die Jugendjahre gewidmet, Einsiedeln, Waldshut, Köln [1906].

Newill, Philip: St Winefride's Catholic Church South Wimbledon and the First World War, London 2014.

Oelkers, Jürgen: Die große Aspiration. Zur Herausbildung der Erziehungswissenschaft im 19. Jahrhundert, Darmstadt 1989.

Ogris, Alfred: Auf Spurensuche in Kärntens Geschichte. Diskussionen und Kontroversen, Klagenfurt 2011.

Sattmann, Alexander: Kärnten verstehen. Geheimnisse, Besonderheiten, Anekdoten, Graz 2006.

Schad, Martha: Gottes mächtige Dienerin, Schwester Pascalina und Papst Pius XII., München 2007.

Schiedt, Hans-Ulrich: Reisezeiten im 19. Jahrhundert, in: Wege und Geschichte (02/2008), S. 4–9.

Tálos, Emmerich, Neugebauer, Wolfgang (Hrsg.): Austrofaschismus – Politik, Ökonomie, Kultur 1933–1938, 5. Aufl., Münster 2005.

Valentin, Herwig: Kärnten 1918–1920. Daten und Fakten zur Zeitgeschichte. Kärntner Verwaltungsakademie, Klagenfurt o.J. (2001).

Wisinger, Marion: Land der Töchter. 150 Jahre Frauenleben in Österreich, Wien 1992.

5.4 Weblinks

- kloster-menzingen.ch (Webauftritt der Schwestern vom Heiligen Kreuz in Menzingen)
- holycrossengland.org.uk (Webauftritt der Schwestern vom Heiligen Kreuz in England)
- nms-ursula.ksn.at (Webauftritt der Ursulinen in Klagenfurt)
- www.schwestern-hl-kreuz.de/altoetting.html (Webauftritt der Schwestern vom Heiligen Kreuz in Altötting)
- photoarchive.merton.gov.uk (zeigt historische Fotografien des Institutsgebäudes der Schwestern in der Southey Road, Wimbledon)
- www.paternion.gv.at (Webauftritt der Marktgemeinde Paternion in Kärnten)

5.5 Danksagung

Danke liebe Schwester Anna, für den herzlichen Empfang im Mutterhaus in Menzingen. Was für ein wundervoller Nachmittag! Es war beeindruckend zu sehen, wo Marianne lebte; vor allem der Besuch der Kapelle, in der sie ihre Profess ablegte, war sehr bewegend. Liebe Schwester Anna, aufgrund Ihrer großartigen Recherche ist sogar ein bislang unbekannter Nekrolog für Marianne aufgetaucht – danke dafür!

Thank you dear Sisters Margaret and Ursula for the warm welcome and for showing us around in New Malden and Peter St. Chalfont. Your help and support is priceless. Thank you for providing so many documents, especially an old biography of Marianne which was found lately in the attic of the Sisters' home in Gerrards Cross. Thanks to you I got to know my great grand-aunt a lot better during our visit. You even led us to the old graveyard of the Sisters – it was touching beyond expression and tears came quickly when standing at Marianne's grave. It took a while for my head and heart to process.

Thank you dear Sisters Kay and Elizabeth for remembering Sister Cuthberta way from back when you both were young novices. I felt blessed to be able to talk to you who have known my great-grand aunt personally. It is an honour to have met you both.

To the Sisters in Chalfont St. Peter – Christina, Elizabeth Catherine, Haloge, Immaculata, Kay, Teresa, Mary Christa, Teresa:

Thank you for inviting us to your home in Gerrards Cross and spending time with us! It was a deeply moving and wonderful afternoon. Visiting you all was an absolute highlight during our stay in England. We are blessed to have met you all.

Danke Dir liebe Mama für viele gemütliche Kaffeestunden, während der Du geduldig unzählige Fragen zur Familiengeschichte beantwortet hast und wir die "alte Zeit" aufleben ließen. Außerdem schulde ich Dir großen Dank für Deine gewissenhafte Transkription von Mariannes in Kurrentschrift verfassten Briefen sowie Deine hilfreichen Anmerkungen und Notizen.

Herzlichen Dank meinen beiden Tanten in Kärnten: Anni für die Unterstützung und hilfreiche Recherche sowie Ruth für alle Erinnerungen, die dank ihres großartigen Gedächtnisses auch für mich lebhaft geworden sind.

Ein großes Dankeschön an alle Freunde und Bekannten: Für Euer Interesse, Eure Begleitung, Euren Zuspruch – es ist schön, dass es Euch gibt!

Es gibt keine Worte, um meine Dankbarkeit auszudrücken: Tack min älskade v. för allting – här och nu.

Besuch bei den Sisters of the Holy Cross in Chalfont St. Peter, Mai 2018. Von links nach rechts: Sisters Teresa, Christina, Elizabeth Catherine, Kay, Mary Christa, Haloge und Immaculata. In der ersten Reihe: Sisters Ursula und Margaret sowie Meike Dahlström.

ÜBER DIE AUTORIN

Meike Dahlström studierte aus reiner Lust und Laune Literaturwissenschaft und Geschichte in Karlsruhe und Freiburg. Im Alter von 29 Jahren promovierte sie mit Auszeichnung über Adalbert Stifters Pädagogik; ihre Arbeit wurde freundlicherweise vom Adalbert-Stifter-Institut in München mit einem Stipendium honoriert. Nach dem Studium war Meike unter anderem als Geschäftsführerin eines Autoren-Förderkreises und als Referentin für internationale Beziehungen tätig. Inzwischen weiß sie die Unabhängigkeit und Kreativität des Freiberufs zu schätzen und schreibt, textet, lektoriert und übersetzt mit viel Kaffee und guter Laune im eigenen Büro mit Blick ins Grüne.

Meike ist selbst Deutschösterreicherin und lebt mit ihrem schwedischen Ehemann und zwei kleinen Tierschutz-Hunden im Schwarzwald. Schreiben und Sprachen sind ihre Leidenschaft: Sie mag Bücher, Serien und Filme auf Englisch, Schwedisch, Französisch, Italienisch und Spanisch und versucht aktuell, dem Japanischen auf die Spur zu kommen.

Kontakt: linkedin.com/in/meike-dahlstrom

Meike genießt den Blick vom Ordensinstitut der Schwestern vom Heiligen Kreuz in Menzingen, April 2018.

Zeitfracht Medien GmbH
Ferdinand-Jühlke-Straße 7
99095 Erfurt, Deutschland
produktsicherheit@kolibri360.de